O coordenador
pedagógico
e questões emergentes
na escola

Leitura indicada

1. O coordenador pedagógico e a educação continuada
2. O coordenador pedagógico e a formação docente
3. O coordenador pedagógico e o espaço da mudança
4. O coordenador pedagógico e o cotidiano da escola
5. O coordenador pedagógico e questões da contemporaneidade
6. O coordenador pedagógico e os desafios da educação
7. O coordenador pedagógico e o atendimento à diversidade
8. O coordenador pedagógico: provocações e possibilidades de atuação
9. O coordenador pedagógico e a formação centrada na escola
10. O coordenador pedagógico no espaço escolar: articulador, formador e transformador
11. O coordenador pedagógico e o trabalho colaborativo na escola
12. O coordenador pedagógico e a legitimidade de sua atuação
13. O coordenador pedagógico e seus percursos formativos
14. O coordenador pedagógico e questões emergentes na escola
15. O coordenador pedagógico e as relações solidárias na escola
16. O coordenador pedagógico e os desafios pós-pandemia
17. O coordenador pedagógico e seu desenvolvimento profissional na educação básica

O coordenador pedagógico e questões emergentes na escola

Vera Maria Nigro de Souza Placco
Laurinda Ramalho de Almeida
ORGANIZADORAS

Ana Maria Falcão de Aragão
Edilene Aveledo
Janaina Cacia Cavalcante Araujo
Laurinda Ramalho de Almeida
Luiza Helena da Silva Christov
Luzia Angelina Marino Orsolon
Maria Estela B. Zanini

Moacyr da Silva
Mônica Appezzato Pinazza
Patrícia Regina Infanger Campos
Regina Célia Almeida Rego Prandini
Vera Lucia Trevisan de Souza
Vera Maria Nigro de Souza Placco

Edições Loyola

Dados Internacionais de Catalogação na Publicação (CIP)
(Câmara Brasileira do Livro, SP, Brasil)

O Coordenador pedagógico e questões emergentes na escola / Vera Maria Nigro de Souza Placco, Laurinda Ramalho de Almeida, organizadoras. -- São Paulo : Edições Loyola, 2019.
-- (Coleção o coordenador pedagógico ; v. 14)

Vários autores.
Bibliografia.
ISBN 978-85-15-04613-3

1. Aprendizagem 2. Coordenadores pedagógicos 3. Educação - Finalidades e objetivos 4. Educação básica 5. Formação continuada 6. Prática pedagógica 7. Professores - Formação I. Placco, Vera Maria Nigro de Souza. II. Almeida, Laurinda Ramalho de. III. Série.

19-28696   CDD-370.71

Índices para catálogo sistemático:
1. Coordenação pedagógica : Educação   370.71
2. Coordenadores pedagógicos : Educação   370.71

Maria Paula C. Riyuzo - Bibliotecária - CRB-8/7639

Conselho editorial:
Emilia Freitas de Lima
Idméa Semeghini Próspero Machado de Siqueira
Laurinda Ramalho de Almeida
Magali Aparecida Silvestre
Melania Moroz
Vera Lucia Trevisan de Souza
Vera Maria Nigro de Souza Placco

Preparação: Marta Almeida de Sá
Capa: Maria Clara R. Oliveira
 Ronaldo Hideo Inoue
Diagramação: So Wai Tam

Edições Loyola Jesuítas
Rua 1822 n° 341 – Ipiranga
04216-000 São Paulo, SP
T 55 11 3385 8500/8501, 2063 4275
editorial@loyola.com.br
vendas@loyola.com.br
www.loyola.com.br

Todos os direitos reservados. Nenhuma parte desta obra pode ser reproduzida ou transmitida por qualquer forma e/ou quaisquer meios (eletrônico ou mecânico, incluindo fotocópia e gravação) ou arquivada em qualquer sistema ou banco de dados sem permissão escrita da Editora.

ISBN 978-85-15-04613-3

© EDIÇÕES LOYOLA, São Paulo, Brasil, 2019

Sumário

Apresentação 7

A escola, espaço para conhecimento, convivência e
representação do mundo 9
    Laurinda Ramalho de Almeida

Problematizando as dimensões constitutivas da identidade do CP:
articular/formar/transformar como unidade de ação 27
    Vera Maria Nigro de Souza Placco
    Vera Lucia Trevisan de Souza

Questões emergentes da escola e a coordenação pedagógica 37
    Luzia Angelina Marino Orsolon

Inclusão: questão desafiadora emergente na escola 49
    Regina Célia Almeida Rego Prandini

Convivência democrática na escola: em foco,
as rodas de diálogo de professores 67
    Maria Estela B. Zanini
    Laurinda Ramalho de Almeida

As reuniões de conselho de classe podem ser formativas,
coordenador pedagógico? 85
    Patrícia Regina Infanger Campos
    Ana Maria Falcão de Aragão

Entre os corredores pedagógicos 105
    Edilene Aveledo
    Vera Maria Nigro de Souza Placco

Coordenação pedagógica na educação infantil:
questões de formação e profissão 117
    Janaina Cacia Cavalcante Araujo
    Mônica Appezzato Pinazza

Conquistas e desafios do coordenador pedagógico dos ginásios vocacionais dos anos 60 e 70 para os professores coordenadores das escolas atuais.. 149
Moacyr da Silva

O imponderável e o desejo de vida em comum: edificação de cultura da paz... 161
Luiza Helena da Silva Christov

Apresentação

Eis o 14º volume de nossa Coleção Coordenador Pedagógico: **nossa**, não só dos autores de diferentes instituições que, ao longo de vinte anos, nela têm apresentado seus achados em pesquisas e em experiências de formação e exposto suas posições e seus questionamentos, mas **nossa**, dos coordenadores pedagógicos, gestores da educação, professores de licenciatura, que têm tido, com a coleção, uma relação de pertença — ela é a **sua** coleção, subsídio importante para seu trabalho.

Começamos com esta afirmação porque nos chegam, em aulas, palestras, e-mails, pelo WhatsApp, pelas redes sociais, por meio de contatos de diferentes formatos, informações sobre o quanto nossos colegas, de diferentes lugares do Brasil, se envolvem com este ou aquele capítulo, com esta ou aquela ideia. E, ao revelarem suas satisfações e críticas a uma coleção que trata do seu trabalho, nos incentivam a continuar apostando nela.

Este 14º volume nos aproxima das questões que, manifestando-se na escola, representam a realidade da sociedade em que estamos imersos. Assim, enfatizamos a função da escola como espaço no qual crianças e jovens têm acesso ao conhecimento e exercitam a convivência respeitosa e democrática com seus pares e com os adultos, os quais têm a complexa tarefa de ajudá-los a ler e interpretar o mundo. Nesse sentido, o coordenador pedagógico precisa ter clareza de sua multifacetada função, igualmente complexa.

Não seria possível expor, em poucas páginas de um livro, todas as questões que emergem na escola, ao lado de sua função primeira — acesso ao conhecimento historicamente construído. Tentamos, assim, em poucos capítulos, apresentar indícios significativos desses questionamentos que, ao chegarem à escola, provocam, nos educadores, sensação de impotência frente às muitas dúvidas e preocupações decorrentes, no entanto, não da sua falta de engajamento e compromisso, mas das mudanças sociais aceleradas, do contexto que cerca a escola e das lacunas de formação daí decorrentes. As propostas incidem sobre temas que envolvem diferentes segmentos da Educação Básica, apresentam possibilidades de ação dos profissionais, intervenções do coordenador pedagógico e fundamentos para uma nova forma de viver a escola, com todos os problemas que nela emergem.

São Paulo, maio de 2019.

Vera Maria Nigro de Souza Placco
Laurinda Ramalho de Almeida

A escola, espaço para conhecimento, convivência e representação do mundo

Laurinda Ramalho de Almeida[1]
laurinda@pucsp.br

Introdução

> *[...] A educação é, também, onde decidimos se amamos nossas crianças o bastante para não expulsá-las do nosso mundo e abandoná-las a seus próprios recursos, e tampouco arrancar de suas mãos a oportunidade de empreender alguma coisa nova e imprevista para nós, preparando-as em vez disso com antecedência para a tarefa de renovar um mundo comum.*
> (Hannah Arendt, "A crise na educação", 2003, 247)

Nos escritos de Hannah Arendt há pontos que me afetam, como educadora que sou: o esforço de compreender o mundo como um espaço de todos os homens, um território de esperanças que merece ser cuidado. Se o passado nos legou coisas terríveis — guerras, holocaustos, massacres, perdas de cidadania, bem por isso é preciso pensar no futuro. (*Entre o passado e o futuro* é o título do livro que inclui "A crise na educação").

Há um ponto que me afeta particularmente: a responsabilidade que a filósofa põe sobre o professor: "Face à criança, é como se ele fosse um representante de todos os habitantes adultos, apontando

---

[1]. Professora e vice-coordenadora do Programa de Estudos Pós-Graduados em Educação: Psicologia da Educação e professora do Mestrado Profissional em Educação: Formação de Formadores ambos da PUC-SP.

os detalhes e dizendo à criança: Isso é o nosso mundo." (Arendt, 2003, 239).

A autora aponta o dedo para nós: que visão do mundo nós, educadores, estamos apresentando às crianças e aos jovens?

Confesso que fui tentada a começar este capítulo com outra epígrafe, porque o pensamento que emprestei de Hannah Arendt para iniciá-lo me era muito forte, complexo e desafiador. Eu me sentia como Miguilim:

> Miguilim tinha pegado um pensamento, quase que com suas mãos. [...] Repensava aquele pensamento, de muitas maneiras amarguras.
>
> Era um pensamento enorme, aí Miguilim tinha de rodear de todos os lados, em beira dele (Rosa, 2001, 27).

No movimento de rodear o pensamento que eu não queria largar, fui percebendo o sentimento ambivalente que ele provocava em mim: rejeitar o peso que a filósofa colocava nos ombros já cansados do professor nas circunstâncias que o momento histórico lhe coloca, nas situações complexas que emergem na escola, via de regra consequência das desigualdades sociais, e ao mesmo tempo considerar que é aceitável o que afirma, porque é o professor quem mais diretamente convive com o aluno. É ele quem realiza o necessário encontro de desejos na relação pedagógica — desejo de ensinar e desejo de aprender.

Neste capítulo, pretendo argumentar que o professor precisa reconhecer-se com o poder de fazer a diferença, tanto no sentido de possibilitar ao aluno o "conhecimento poderoso" que, na maioria dos casos, só é aprendido na escola (Young, 2007), como, ao garantir um clima respeitoso de convivência, promover bem-estar e uma relação de afeto com a escola e o conhecimento. Ao fazê-lo, está apresentando: "este é o nosso mundo".

Aceitei, pois, o desafio: conservar a epígrafe que escolhi, partindo de uma das acepções da palavra "desafio". Na cultura regional brasileira, desafio é um diálogo popular cantado, composto de improviso.

Nesta modalidade de desafio, o cantador é seu principal instrumento de trabalho (tal qual o professor). Ele se arrisca a participar, mas não vai despreparado — sabe que é competente para isso; o improviso requer experiência, habilidade para prestar atenção no outro, ouvir o que o outro canta e o que está subjacente ao canto, responder à fala do outro, respeitando seu sentido, alimentado pelo ouvir e olhar, seu e do outro. Não vai para a disputa desarmado — suas armas são seus saberes, suas experiências, sua abertura ao outro, sua perspicácia, seus desejos. Ou seja, para o espectador, pode parecer que ele está sozinho, mas com ele estão muitos outros que o construíram repentista: seus *socius*, na acepção de Wallon (1975), aqueles cujas atitudes internalizou dos vários meios pelos quais passou. Estes o prepararam para aquele momento.

Assim como o repentista, também o professor, para dar conta do que exige Hannah Arendt, não pode estar sozinho, pois, na empreitada educativa de ser um digno representante do mundo ético que desejamos, precisa ter com ele o parceiro: a escola. Escola não é uma entidade abstrata; são pessoas, gestores, professores, pessoal de apoio, alunos com suas famílias e sua comunidade. Pessoas em relação, relações que são permeadas por compreensão, incompreensão, simpatias, antipatias, ambiguidades, mas que, ao se unirem em torno de uma intencionalidade claramente definida, aplainam as arestas.

Somente com a conexão desses todos, com suas contradições que fazem parte do viver humano, terá o professor condições de dar ao aluno uma versão do mundo não idílica, mas a possível dentro das circunstâncias que são oferecidas. Mostrar ao aluno que nós, professores, também estamos chegando à escola com um emergente sentimento de espanto sobre o que está acontecendo a nossa volta, e que temos mais perguntas do que respostas, mas podemos, juntos, encontrar alguns indícios de como agir para fazer a diferença. Fazer a diferença e ter orgulho disso. Um bom lembrete é o que nos traz Ortega y Gasset (2017, 77): "Eu sou eu e minha circunstância, e, se não salvo a ela, não me salvo a mim mesmo.".

1. O meio funcional escola

O conteúdo do ensino mas também seus métodos e disciplina escolar são os meios permanentes e

> *normais para dar à criança o gosto pela verdade,*
> *a objetividade do juízo, o espírito de livre exame*
> *e o senso crítico que farão dela um homem que*
> *escolherá suas opiniões e seus atos.*
> (Plano Langevin-Wallon, in *Merani*, 1969, 187)

De novo o dedo está apontado — agora para a escola. O compromisso fundamental da escola, sua função primordial (daí Wallon considerar a escola um meio funcional, porque tem uma função específica), é fazer chegar ao aluno o conhecimento acumulado pela humanidade. Mas, para que o aluno se aproprie desse conhecimento, métodos adequados de ensino precisam ser empregados. Igualmente a disciplina escolar, tal qual circula na sala de aula e fora dela, é ingrediente básico para desenvolver no aluno espírito crítico que lhe possibilite escolhas éticas.

É sabido que o Plano Langevin-Wallon foi o resultado do trabalho, por três anos (1945-1947), de uma comissão de vinte professores nomeados pelo Ministério da Educação Nacional com a incumbência de propor a Reforma do Ensino Francês, após a Segunda Guerra. Paul Langevin, físico de renome, foi nomeado presidente, e, após sua morte, em 1946, essa comissão nomeou Henri Wallon presidente (Tran-Thong, 1969). Wallon, médico, psicólogo e educador, participara do movimento da Resistência Francesa (na Primeira Guerra, jovem, servira como médico de batalhão).

O Plano, embora não tenha sido implantado, serve até hoje de subsídio para discussões sobre reformas e propostas educacionais, em virtude dos princípios que articulam sua arquitetura e por causa da valorização que dá à escola para a formação integral de crianças e jovens.

Cumpre observar que não se implantou o Plano, mas suas propostas pedagógicas foram postas em execução nas *sixièmes nouvelles* (atuais sextos anos no Brasil). Criou-se então o Centro Internacional de Estudos Pedagógicos de Sèvres, de onde saíram as principais diretrizes para a reforma pedagógica realizada na França (Werebe, 1954). É interessante observar que educadores brasileiros foram estagiar em Sèvres, trazendo, na década de 1960, para escolas experimentais paulistas da época, particularmente para os Ginásios Vocacionais e o Colégio de Aplicação da USP, ideias pedagógicas discutidas naquele Centro Internacional (Almeida, 2012).

Vou tomar o Plano como objeto de reflexão, lembrando que ele nos ajuda a compreender que a escola faz parte de um sistema mais amplo, que lhe deve proporcionar normas, mas também suporte, o que nos leva a pensar em diferentes níveis de responsabilidade: micro (relações pedagógico-interpessoais na sala de aula); meso (práticas na escola), macro (políticas educacionais).

O Plano foi assentado em quatro princípios — justiça; dignidade igualitária para todas as ocupações; orientação; cultura geral —, e é apenas sobre esses princípios que me detenho.

> O primeiro princípio, o que pelo seu valor próprio e amplitude das suas consequências domina os restantes, é o princípio da justiça. Oferece dois aspectos que de forma alguma são opostos, mas, antes, complementares: a igualdade e a diversidade. Todas as crianças, quaisquer que sejam suas origens familiares, sociais, étnicas, têm igual direito ao desenvolvimento máximo que a sua personalidade implica (Plano Langevin-Wallon, in *Merani*, 1969, 157).

No segundo princípio, afirma-se que todas as profissões se revestem de igual dignidade, ou seja, o trabalho manual, a inteligência prática, não podem ser subestimados.

Quanto ao terceiro, indica-se que o desenvolvimento das aptidões individuais exige primeiro orientação escolar, depois orientação profissional.

A justificativa para a cultura geral ser proposta como quarto princípio norteador para as ações do Plano é assim apresentada:

> A cultura geral representa o que aproxima e une os homens, enquanto a profissão representa frequentemente o que os separa. Uma cultura geral sólida deve, portanto, servir de base para especialização profissional e prosseguir durante a aprendizagem, de forma que a formação do homem não seja limitada e travada pela

do técnico. Num estado democrático em que todo o trabalhador é cidadão, é indispensável que a especialização não seja um obstáculo para a compreensão de problemas mais amplos e que uma ampla e sólida cultura liberte o homem das estreitas limitações do técnico. [...] (Plano Langevin-Wallon, in *Merani*, 1969, 159).

Penso que esses princípios dispensam comentários. Mas vale apresentar, ainda, as consequências que decorrem desses princípios:

> A primeira consequência dos princípios que acabam de ser anunciados é a reconstrução completa do nosso ensino sobre um novo plano que apresente mais simplicidade, unidade e coerência [...]
>
> A segunda consequência importante dos princípios diretores da reforma do ensino é a necessidade de prever um conjunto de medidas de justiça social, cuja ausência seria a negação de qualquer reforma [...].
>
> Por último, se se quiser conservar a mais alta qualidade do ensino, é justo preservar a dignidade dos professores, assegurar o seu prestígio social, favorecer o seu aperfeiçoamento profissional. É justo dar-lhes uma situação material e moral em relação com seu valor técnico e humano e o lugar eminente que tem na vida nacional (Plano Langevin-Wallon, in *Merani*, 1969, 159-161).

Também as consequências referidas dispensam comentários. Mas vale insistir que o desenho da escola apresentada no Plano Langevin-Wallon orienta o trabalho dos profissionais que trabalham na escola para duas direções: uma coletiva, voltada para o bem comum, e uma individual, para atender às necessidades de cada aluno, conforme suas aptidões.

A epígrafe escolhida para este tópico ressalta, primeiro, a responsabilidade da escola quanto à aprendizagem do aluno e, segundo, que a educação, entendida de maneira ampla, se dá nas e pelas interações sociais.

Ao aceitarmos que educar acontece na convivência com o outro, aceitamos, por pressuposto, que são as interações escolares, dentro da sala de aula, nos espaços da escola e fora dela, intermediadas pela escola, que irão cimentar a sociedade desejada por nós.

É o meio escolar, meio no qual crianças e jovens aprendem coisas para conhecer e compreender o mundo nas aulas, nos diálogos com educadores e colegas, que vai apresentar "este é o nosso mundo". Essas coisas são aprendidas na escola e fora dela, por diferentes perspectivas e visões de mundo, mas a escola tem o compromisso de desenvolver a criticidade dos alunos em relação a essas diferentes visões.

O Plano foi apresentado neste capítulo para evidenciar que não é de hoje que educadores, empenhados na luta por uma escola democrática, com um ensino de qualidade, identificaram que, para a escola dar conta de mostrar ao aluno "este é o nosso mundo", precisa de "um conjunto de medidas de justiça social" e da preservação da dignidade do professor para assegurar "o seu prestígio social e favorecer o seu aperfeiçoamento profissional".

Se o futuro não for pensado com esperança, se não acreditarmos que a escola desenhada no Plano pode existir com conteúdos, métodos e convivência respeitosa que desenvolvam "objetividade de juízo, o espírito de livre exame e o senso crítico" e com professores tratados com dignidade, não teremos competência para mostrar ao nosso aluno que o mundo pode parecer, muitas vezes, esquisito (como o definiu uma criança de 10 anos), mas que podemos intervir nele para torná-lo mais inteligível e habitável.

2. O professor não reconhece o poder que tem

> [...] É minha atuação diária em sala de aula que gera sol e calor ou nuvens escuras. Como professor, possuo o tremendo poder de fazer a vida de uma criança miserável ou alegre. Posso ser um instrumento de angústia ou um fator de inspiração. Posso humilhá-la ou fazê-la rir, machucá-la ou fortalecê-la.
>
> (Ginott, citado por Esteve, 2006, 86)

Esteve (2006) exemplifica, por intermédio do relato de sua experiência como aluno em três diferentes períodos de formação (aos 8 anos, aos 10 e aos 15), como os professores, desde o primeiro dia de aula, são elemento central para gerar o clima na sala de aula. Ao descrever os professores que o afetaram, o faz, evidentemente, agora adulto e professor, ressignificando os fatos com o predomínio da razão, com uma visão crítica, evidenciando como diferentes climas escolares causaram bem-estar ou mal-estar, favoráveis ou desfavoráveis à aprendizagem e à formação de valores.

Seu primeiro dia de aula, aos 8 anos:

> Em menos de um quarto de hora, no primeiro dia, na primeira aula, tive uma clara intuição do que seriam os próximos nove meses: 40 crianças de oito anos, aterrorizadas, à mercê da arbitrariedade [...]. Ele era a lei, o juiz, e o carrasco (Esteve, 2006, 89).

Aos 10 anos:

> [...] Naquele momento, estava consciente de que havia mudado de dono e senhor. Gostasse ou não, o destino dos próximos nove meses ia estar unido às atitudes daquele homem, que estava dedicando seu primeiro dia de aula a nos dar todo tipo de normas. Desde o primeiro momento, fiquei consciente que devia aprendê-las. Conhecer seus desejos evitaria as iras do dono [...] (Esteve, 2006, 90).

Aos 15 anos:

> Depois de nove anos de escolaridade, pensava que nada podia surpreender-me. O primeiro dia de aula havia perdido, há anos, os componentes de ansiedade, medo do desconhecido e, sobretudo, o sentimento de cair nas mãos de um novo dono. [...] Com meus 15 anos havia conseguido substituir a ansiedade do primeiro dia por uma curiosidade desapaixonada de entomólogo, analisando com interesse cada bicho raro, com a única intenção de catalogá-lo na taxonomia adequada (Esteve, 2006, 91).

Mas eis que o narrador se depara com um professor que não se prestava a nenhuma classificação. Era um dos poucos professores que davam aula do que realmente haviam estudado: cursara Letras Clássicas, em uma prestigiosa universidade espanhola, e chegou para dar aula de grego. Bem diferente dos anteriores, era um homem alegre, risada espontânea. "Fez a primeira pergunta: para que serve o grego? E sua resposta teve muito sentido." (Esteve, 2006, 91-92). Sua introdução durou dois ou três dias, falando sobre a língua e a cultura grega e do tanto que estavam presentes no pensamento atual, para conhecer e interpretar o mundo. Sua emoção contagiava os alunos com muita força quando, ao falar do teatro grego, evidenciava que Eletra e Antígona, de Ésquilo, eram mais que personagens, eram ideias. Eletra representava a vingança, já Antígona encarnava o enfrentamento entre o que a lei definia como justiça e o que a pessoa considerava justo. Ao argumentar que qualquer mulher, nos dias que corriam, se traída pelo marido, reproduziria a tragédia de Medeia, de Eurípedes, sentindo seu desespero, levava os alunos ao espanto.

> As informações nos deixavam aturdidos. Como é possível que uma obra de teatro continue tendo interesse depois de dois mil e quatrocentos anos? Voltou a deixar um espaço de silêncio; nos havia enganchado no anzol de suas palavras [...]. Só quando esteve seguro que queríamos aprendê-lo, nos ensinou o alfabeto grego (Esteve, 2006, 92).

Depois da apresentação minuciosa do professor de grego e de sua introdução à disciplina, um professor que não obrigava ninguém a escutá-lo, mas que prendia pela paixão que demonstrava por ela e pelo entusiasmo em comunicá-la, Esteve afirma que encontrara um novo dono não porque a instituição lhe outorgava *esse* poder, mas por seu conhecimento, seu entusiasmo, sua capacidade de fazer vibrar seu pensamento no pensamento do outro. Descobriu que se encontrara, finalmente, com um mestre.

Escolhi a narrativa de Esteve (2006) como ponto para reflexão porque ele apresenta três momentos de sua formação, e nos três, a importância do professor para produzir "sol e calor ou nuvens escuras". Vale lembrar que os três professores que o afetaram, a ponto de ser lembrados, décadas depois, tinham por objetivo a aprendizagem do aluno. Só que os dois primeiros não reconheciam que, por ser a docência uma profissão relacional, da ordem da convivência humana, envolvia o afeto.

Ainda que esteja garantida a vontade de ensinar do professor (ao modo de cada um) e de aprender do aluno (por diferentes motivos), os vínculos que se tecem entre professor e aluno são componentes importantes no processo de ensino-aprendizagem. E deixam marcas. Quando na relação entra o medo, a ansiedade pelo desconhecimento, a arbitrariedade, a ausência de justiça na relação, a energia que poderia ser dispendida para a aprendizagem é canalizada para controlar a emoção. E o vínculo com a disciplina não se constrói, pois as relações afetivas que circulam na sala de aula interferem no interesse e na vontade de aprender os conteúdos da disciplina.

Com o passar dos anos escolares, o aluno vai descobrindo expedientes para vencer uma aula entediante, até mesmo tentar enquadrar o professor em classificações que inventa, sozinho ou com colegas. É um modo de desvincular-se da disciplina e ir vagar em outros espaços.

O terceiro professor da narrativa de Esteve tinha formação específica na disciplina que lecionava e formação em instituição creditada como excelente. Estava seguro do conteúdo que lhe fora atribuído, embora só isso não lhe garantisse o prestígio que tinha entre os alunos. Ele era um excelente comunicador. Sabia transformar seu conhecimento em ensino. Usava estratégias para "enganchar o anzol e dar linha" ou, em outras palavras, trazer o aluno para seu lado. Conseguia isso, despertar o interesse por sua disciplina e, mesmo sendo árduo seu aprendizado, amarrar o laço professor-conhecimento-aluno. Sua estratégia tinha uma premissa: resgatar a pergunta original, ou seja, lembrar ao aluno que alguém, em tempos remotos, consumido pela dúvida, preocupou-se em compreender a estrutura da realidade e elaborou conhecimento para explicar o que lhe era inexplicável. A primeira tarefa do professor era, pois, criar inquietação, recriar a curiosidade, propiciar a alegria da redescoberta.

Ouso dizer que esse professor conhecia o poder do contágio emocional nas relações entre pessoas e sabia como contagiar seus alunos. A apresentação que faz das tragédias gregas é um indício de sua proposta de contágio emocional. E conseguiu, pois

> [...] a emoção tem a necessidade de suscitar reações similares ou recíprocas em outrem e, inversamente, tem sobre o outro grande força de contágio. É difícil ficar indiferente às suas manifestações,

não se associar a elas através de arroubos do mesmo sentido, complementares ou mesmo antagônicos (Wallon, 1995, 99).

Para obter atenção e retê-la para um objetivo maior, começava pelo aluno, e não pelo conteúdo. Para trazer o aluno para si, começava por contagiá-lo com seu entusiasmo. Estava lidando com alunos de 15 anos, fase na qual, pelo aumento da capacidade de abstração e pelas mudanças percebidas no corpo, os adolescentes voltam-se para si mesmos e se propõem as grandes questões que sempre preocuparam a humanidade: Quem sou eu? O que vim fazer neste mundo? Este mundo tem justiça? A temporalidade está sempre presente no pensamento dos jovens. Esse conhecimento da fase vivida pelos jovens alunos possivelmente direcionou a introdução feita pelo professor de grego na perspectiva de promover a inquietação, de incitá-los a pensar criticamente. Trouxe dúvidas e certezas, mas principalmente a paixão pelo conhecimento e o respeito pelos alunos.

Teriam os três professores o reconhecimento de como sua prática pedagógica afetava os alunos? Não há elementos na narrativa de Esteve para afirmá-lo. Mas o certo é que, no processo de formação desse narrador, eles o afetaram e foram fatores constituintes de sua profissionalidade. Pode-se considerar que os primeiros dias de aula descritos foram incidentes críticos que integraram seu desenvolvimento profissional. Foram *flashes* que o acompanharam em sua trajetória de docente e formador.

Este foi um dos motivos para ter escolhido refletir sobre a narrativa de Esteve. Reconheço que, ao fazê-lo, apresento uma questão contraditória: propus-me a argumentar que o professor precisa reconhecer a influência marcante que tem sobre o aluno, e não apresentei indícios de que os três professores a reconheciam. Mas, reconhecendo ou não, a narrativa sobre eles mostra que as experiências escolares que promoveram não apresentaram apenas conhecimento para que os alunos compreendessem o mundo, mas também expressaram formas de viver nesse mundo: em certo sentido, o narrador ofereceu indícios do quanto a integração das dimensões cognitiva e afetiva foi diminuída ou exacerbada pela atuação dos três professores.

Percebo outra questão contraditória em minha apresentação: reconheço, e já afirmei, que condições extraescolares afetam a vida do professor. A responsabilidade e as exigências que têm sido colocadas sobre os que exercem a docência, sem o respaldo de políticas públicas, têm provocado o que Esteve (1999) descreve como mal-estar docente. Mas também concordo com o autor quando ele afirma que o professor, queira ou não, é o responsável pela geração do clima emocional que circula na sala de aula. E acrescento: as relações professor-aluno têm influência direta na relação do aluno com o objeto do conhecimento, ou seja, com a disciplina que o professor ministra.

Ao aceitar que a ambiência de ensino é produzida, principalmente, pelo tipo de relação que o professor estabelece com seus alunos, e destes entre si, embora com a interferência de condições extramuro escolares, penso ser necessário, sim, o professor reconhecer-se importante para a formação integral do aluno. A narrativa de Esteve sobre seu tempo de estudante tem, nesse aspecto, um conteúdo formativo, pelo seu poder de intercambiar conosco os sentidos que construiu sobre seus professores em diferentes idades. Ao refletir sobre eles (e esse é o poder da narrativa compartilhada), possivelmente sentidos novos emergirão sobre nossa própria trajetória e nos possibilitarão retomar alguns pontos dos quais temos passado ao largo.

3. O coordenador pedagógico, articulador, formador e transformador

> *Ah, porém, estaquei na ponta dum pensamento e temi, temi. Cada hora, de cada dia, a gente aprende uma qualidade nova de medo.*
> (Rosa, 1985, 81)

> *Confiança — o senhor sabe — não se tira das coisas feitas ou perfeitas: ela rodeia é o quente da pessoa.*
> (Rosa, 1985, 52)

O medo tem matizes diferentes que se expressam conforme as situações. Pode começar com apreensão, receio, temor e até chegar ao pavor. Outras emoções e sentimentos são igualmente potentes para o agir da pessoa. Escolhi o medo porque ele é referido na narrativa de Esteve, tomando como sujeito o aluno que foi um dia. Mas ele está presente também no dia a dia do professor. O inesperado, o incompreendido (hoje recorrentes) podem provocar medo. O expor-se, evidenciando um não saber ou um equívoco diante de uma situação que não soube controlar ou para a qual não encontra respostas, pode também gerar apreensões. Em qualquer situação, somos afetados e afetamos, porque a afetividade é uma dimensão que nos constitui como pessoas; "é a disposição do ser humano de ser afetado pelo mundo externo/interno por sensações ligadas a tonalidades agradáveis ou desagradáveis" (Mahoney e Almeida, 2005, 7) e se manifesta por emoções, sentimentos e paixão. O ser humano transita sempre entre o domínio racional e o emocional, ora com predomínio de um, ora de outro, e se algumas emoções/sentimentos o desmobilizam, outras o trazem de volta para a razão. Daí, a citação de Rosa sobre a confiança, sentimento que não vem do jeito perfeito ou imperfeito, mas do "quente da pessoa": do seu acolhimento, dos vínculos que se preocupa em tecer, da compreensão e da abertura à experiência do outro. A confiança que deposito no outro é que permite expor-me sem reservas, livre de pressões e julgamentos; é um facilitador para o controle da emoção e o uso da razão.

Neste tópico, é o "quente da pessoa" coordenador pedagógico que está em foco.

Temos discutido que, independentemente de resoluções e portarias de Secretarias de Estado e Município para definir um número exagerado de "tarefas" ao coordenador pedagógico, cabe a ele, prioritariamente, articular o trabalho pedagógico na escola, propor estratégias formativas com seus professores para transformar as ações na escola, na perspectiva de encontrar um modo novo, mais enriquecedor, mais eficaz para realizar o que deve ser feito para que os alunos atinjam o conhecimento que lhes dará poder.

Começamos esse tópico falando de emoções e sentimentos que permeiam as relações no cotidiano escolar, contrapondo ao medo, à confiança, por entendermos que, se não existe uma relação de confiança entre o coordenador e o professor, expressões de insegurança, receios, sucessos e insucessos ficam tolhidas, como na relação professor-aluno.

Quando o coordenador aceita o professor como um legítimo interlocutor, uma pessoa reconhecida por sua história, sua relação com a escola, com os colegas, com os alunos, com o conhecimento, ele o valoriza e, dialeticamente, é valorizado. O professor tende a se conectar com aquele que, ao lhe outorgar confiança, torna-se seu cúmplice, no sentido colocado por Lia Luft (1997): "cúmplice = alguém que tem as mesmas dúvidas, sofre as mesmas ansiedades, arrisca os mesmos abismos".

Ao investir na qualidade das relações interpessoais, o coordenador retira do professor o medo de identificar e expor suas dificuldades, e ao fazê-lo, propor-se a enfrentá-las.

Temos perdido a arte de ouvir porque não é fácil fazê-lo. Acostumamo-nos a ouvir o que queremos e descartar o que entendemos ser desnecessário à compreensão do que está sendo narrado, sem refletir que, dessa forma, estamos nos centrando em nossos pontos de referência, e não naqueles do outro. Esquecemos que, quando atentos ao que nos é narrado, mesmo nos pontos que nos parecem descolados da situação, podemos encadeá-los e captar os sentimentos que estão subjacentes ao fato narrado. Esquecemos que ser ouvido na sua inteireza significa ser levado a sério e, portanto, valorizado. Quando o ouvir é genuíno, a ênfase é no que fala, não no que ouve. Essa é a mágica do ouvir ativo e sensível, que provoca mudanças: suspender a própria necessidade de ouvir o que se deseja, e dar o tempo necessário para que o outro entenda as próprias necessidades e as comunique, em um ambiente livre de pressões e ameaças. Os mal-entendidos na comunicação podem bloquear e até impedir o desenvolvimento de significados autenticamente compartilhados.

Quem leu Rogers (1999) (cujas obras foram subsídio importante para os educadores nas décadas de 1960 e 1970, porque ele foi o primeiro autor a trazer para a escola a importância do afeto e das relações interpessoais) já percebeu que me baseio nas atitudes ou condições facilitadoras apregoadas por ele para o desenvolvimento pessoal. Na verdade, as atitudes de congruência ou autenticidade, aceitação positiva (que não significa aprovação) e empatia ou compreensão empática são atualmente, embora com denominações diversas, comuns nas abordagens tanto em terapias como nos processos formativos, pois há evidências de que, quando se reduzem as pressões e tensões, a pessoa é capaz de, mesmo aceitando seus eventuais erros e insucessos, não destruir seu autoconceito.

Trouxe essas questões à discussão porque entendo que o primeiro passo para o professor reconhecer-se importante, reconhecer que faz diferença na vida do aluno e da escola, se dá quando ele tem o reconhecimento de seus pares no seu contexto de trabalho. Nisso, depende muito da atuação do coordenador para promover estratégias formativas que facilitem a cada um voltar-se para si, falar de si, de suas fragilidades e seus sucessos, e compartilhar conhecimentos e incertezas.

4. Conclusão

> *Não esperes que o rigor do teu caminho*
> *que teimosamente se bifurca em outro, que*
> *teimosamente se bifurca em outro tenha fim.*
> (Borges, "Labirinto", in *Obras completas II*, 388)

Neste capítulo, procurei defender algumas ideias: a escola tem um papel fundamental e insubstituível para que crianças e jovens se apropriem da experiência culturalmente acumulada e para facilitar seu acesso aos bens culturais, ampliando seu conhecimento do mundo; é o professor, porque fica a maior parte do tempo com seu aluno, quem lhe fornece "sol e calor ou nuvens escuras"; o clima educativo que o professor promove, pano de fundo das relações com seus alunos e destes entre si, é essencial à construção do conhecimento e à convivência, e dá o tom da apresentação: "este é o nosso mundo".

Mas, e principalmente, porque o momento histórico passa por tão profundas e constantes mudanças, o professor precisa contar com a cumplicidade dos gestores, em especial do coordenador pedagógico, de colegas, familiares e comunidade, para dar conta dessa empreitada educativa. E de políticas sociais que preservem sua dignidade e seu prestígio.

Se meus argumentos não se apresentaram com o rigor que a importância do tema merece, porque se bifurcaram por muitos atalhos, alguns até se aproximando do inexequível, empresto de Milton Nascimento e Fernando Brant (1978) o argumento final.

O professor pode, sim, representar para seu aluno "este é o nosso mundo" porque as Marias e os Joãos professores "têm a estranha mania de ter fé na vida", o que já é um bom começo para incursões no mundo dos possíveis.

Referências bibliográficas

ALMEIDA, Laurinda R. Wallon e a educação. In: MAHONEY, A. A.; ALMEIDA, L. R. (Org.). *Henri Wallon: Psicologia e educação*. São Paulo: Loyola, 2012, 71-87.

ARENDT, Hannah. *Entre o passado e o futuro*. São Paulo: Perspectiva, 2003.

BORGES, Jorge Luis. Labirinto. In: BORGES. *Obras Completas II*. São Paulo: Globo, 1999.

ESTEVE, José Manuel Z. Las emociones en el ejercicio práctico de la docência. Teoría de la Educación. *Revista Interuniversitária* 18, 2006, 85-107.

ESTEVE, José Manuel. *O mal-estar docente*. Bauru: EDUSC, 1999.

LUFT, Lya. Somos o material de nossa arte. Depoimento por ocasião da visita da escritora à PUC-SP em 4 jul. 1997.

MAHONEY, Abigail A.; ALMEIDA, Laurinda R. Afetividade e processo ensino-aprendizagem: contribuições de Henri Wallon. *Psicologia da Educação* n. 20, São Paulo, jun. 2005.

MERANI, Alberto A. *Psicología y Pedagogia* (las ideas pedagógicas de Henri Wallon). México: Grijalbo, 1969.

NASCIMENTO, Milton; BRANT, Fernando. Maria, Maria. *Clube da Esquina*, 1978.

ORTEGA y GASSET, José. *Meditaciones del Quijote*. Madri: Catedra Letras Hispánicas, 2017.

ROGERS, Carl R. *Tornar-se pessoa*. São Paulo: Martins Fontes, 1999.

ROSA, João Guimarães. *Grande Sertão: Veredas*. Rio de Janeiro: Nova Fronteira, 1984.

_____. *Manuelzão e Miguilim (Corpo de Baile)*. Rio de Janeiro: Nova Fronteira, 2001.

TRAN THONG. *La Pensée pédagogique d'Henri Wallon*. Paris: Presses Universitaires da France, 1969.

YOUNG, M. Para que servem as escolas? *Educação e Sociedade*, v. 28, n. 101, 2007, 1287-1302.

WALLON, Henri. *As origens do caráter na criança*. São Paulo: Nova Alexandria, 1995.

_____. *Psicologia e Educação da Infância*. Lisboa: Estampa, 1975.

WEREBE, Maria José G. A renovação pedagógica em França. *Revista de Pedagogia*. São Paulo: EDUSP, v. 2, ano 2, n. 01, jan.-jun., 1954.

Problematizando as dimensões constitutivas da identidade do CP: articular/formar/transformar como unidade de ação

Vera Maria Nigro de Souza Placco[1]
veraplacco@pucsp.br
veraplacco7@gmail.com

Vera Lucia Trevisan de Souza[2]
vera.trevisan@uol.com.br

Há muito temos investido em reflexões, definições e postulações do que seriam os fazeres, as posturas, as vivências, os saberes e as dificuldades da coordenação pedagógica, de modo a construir um corpo de conhecimentos capaz de oferecer um desenho dos aspectos identitários característicos das ações de profissionais que estão presentes na maioria das escolas do país e que, entretanto, ainda carecem de melhor dimensionamento no que concerne a suas especificidades. E nosso intento tem-se fundamentado, do ponto de vista teórico, no papel da identidade como essencial ao enfrentamento

---

1. Doutora em Educação: Psicologia da Educação, docente na Pontifícia Universidade Católica de São Paulo, nos Programas de Estudos Pós-Graduados em Educação: Psicologia da Educação e Educação: Formação de Formadores. Coordena o grupo de pesquisa Contexto Escolar, Processos Identitários, na Formação de Professores e Alunos da Educação Básica (CEPID).
2. Doutora em Educação: Psicologia da Educação, docente do Programa de Pós-Graduação em Psicologia, na Pontifícia Universidade Católica de Campinas. Coordena o grupo de pesquisa Contexto Escolar, Processos Identitários, na Formação de Professores e Alunos da Educação Básica (CEPID).

desta questão. Foi essa a defesa que fizemos, ao concluir pesquisa nacional sobre a coordenação pedagógica, em 2010, quando tomamos contato com as contradições que aportam no modo de ser e viver a coordenação:

> A constituição identitária dos coordenadores pedagógicos se revela no movimento de tensão entre as atribuições legais da escola e seus atores (direção, professores, pais e alunos) e as identificações a elas relacionadas que os coordenadores pedagógicos assumem. No entanto, esse movimento é acentuado pelas **contradições** presentes no sistema escolar, dado que as atribuições legais e teóricas se confrontam com aquelas provenientes da trajetória da profissão, das trajetórias pessoais e profissionais, uma vez que todos os atores envolvidos na dinâmica das escolas são representantes de concepções e expectativas que carregam uma historicidade, que, necessariamente, também implica **contradições** (Placco, Souza e Almeida, 2012).

Revendo discussões que têm pautado nosso trabalho como pesquisadoras e formadoras, ao longo de nossa trajetória profissional, retomamos ideias e propostas que temos feito quanto à ação do coordenador pedagógico (CP) na escola que teriam como centrais a articulação, a formação e a transformação. Temos enfatizado que, dessas ações, aquela que deveria pautar, fundamentalmente, o trabalho do CP seria a formação.

No entanto, mobilizadas pela necessidade de identificar as contradições eventualmente presentes nestas postulações, visto compreender que nossas produções, em forma de textos e/ou ações formativas, constituem-se atribuições aos CPs e que importa, em verdade, contribuir à compreensão das tensões presentes na relação atribuição/identificação/diferenciação constituinte do processo de formação identitária, nos empreendemos, neste momento, nas reflexões que seguem.

Temos posto em questionamento o significado de formação (Placco e Souza, 2018), o que, consequentemente, nos leva a retomar seu significado em relação às ações e posturas esperadas e desejáveis do CP. Em nosso texto, desenvolvemos (ou propomos) o conceito de formação, deslocando-o do polo do sujeito em formação e centrando-o (formadoras que somos) no polo do formador. Esta acepção implica aproximar a "ação de formar, de seu cerne, seu centro, suas características, de uma definição que permita melhor formulá-la" (13), isto é, da perspectiva de quem a vive e realiza, o que nos possibilitaria "pensar em ações efetivas, ações consistentes e fundamentadas que permitam que se efetivem planos de formação (14).

É nessa direção que propusemos para um debate com os profissionais que exercem a coordenação pedagógica e com a comunidade acadêmica a seguinte concepção de formação:

> Entendemos como formação um conjunto de ações integradas, intencionalmente planejadas e desencadeadas pelo formador, voltadas ao(s) grupo(s) pelo(s) qual(is) é responsável, para promover mudanças na ação dos formandos (Placco e Souza, 2018, 14).

Essas ações integradas implicam o agir, as intervenções e as mediações do formador, o que envolve a proposição de objetivos comuns, pelo formador, pelos formandos e pelos sistemas de ensino, integrando, ampliando e aprimorando tanto a teoria quanto a prática dos envolvidos na formação (Placco e Souza, 2018).

Desta perspectiva, questionamos: como a formação se relaciona com a articulação e a transformação? Ou seja, quais seriam, na formação, as ações de articulação? E de transformação?

Essas questões nos põem diante de um paradoxo: sugerimos que formar deveria ser a ação primordial do CP, mas o que ele faz, predominantemente, em seu cotidiano, é articular as demandas por atuações diferentes da formação, conforme identificamos na pesquisa que realizamos em 2010 (Placco, Almeida e Souza, 2011). Defendemos a formação como a ação mais importante do CP e, no entanto, ele não consegue executá-la. Seria a formação uma ação impossível, que deveria ser substituída pela articulação? Eis o paradoxo!

Se continuamos defendendo que a formação é ação primordial da coordenação pedagógica, temos de enfrentar esse paradoxo, começando por questioná-lo: diante da complexidade que envolve as atribuições do CP, como sustentar a premissa da centralidade da formação em suas ações? Se tal sustentação se revela frágil, seria o caso de revermos nossos posicionamentos sobre a primazia da formação na ação do CP?

Essas questões, independentemente das respostas ou considerações que possam suscitar, põem em relevo a identidade do CP e nos conduz a novos questionamentos: deveríamos mudar a atribuição de formador conferida ao CP e substituí-la por articulador? Ou deveríamos problematizar o que se tem defendido como formação, de modo a rever essa ação que o CP não tem conseguido desenvolver? Trata-se, nos parece, de investir no aprofundamento teórico e prático sobre a concepção de formação de modo a rever definições e melhor caracterizar as ações e os posicionamentos que envolvem o fazer do CP.

1. Sobre formar e formação

Se entendemos como formar atividades ou ações que promovem mudanças no fazer dos profissionais envolvidos e que quem organiza e desenvolve a formação é o CP, caberia então retomar as características de suas ações, de modo a avançar na definição do que significa ser CP.

Se as atividades privativas do CP têm como característica a articulação, a formação e a transformação, dimensões que não se separam, constituindo uma engrenagem, logo, que coexistem de modo imbricado, então a articulação, por exemplo, implica ações formativas e também é conteúdo da formação. Então, por meio da articulação, as ações formativas são planejadas e efetivadas, o que levaria à transformação da realidade.

O mesmo pode ser considerado quanto à transformação — se a formação tem a transformação no próprio ato de formar, a formação envolve transformação e, a um só tempo, é conteúdo dela.

E podemos reconhecer a articulação na formação como o carro-chefe da ação do CP.

A grande questão não é "qual o conteúdo da formação, por que formação, para que, para quem ou como?", mas sim "como articulo as diferentes dimensões da formação, de modo a tornar a ação formativa transformadora de concepções e práticas".

Trata-se de movimento permanente em que se toma por base da formação o currículo, as tecnologias, os programas, as metodologias, quem é o CP, sua experiência como formador, quem são os professores, o aluno, o sistema, a comunidade, a escola; e ainda o conteúdo, os porquês e para quês da formação. Ocorre que, na maioria das vezes, o foco eleito nas ações formativas é a disciplina, a tecnologia, o gênero, a alfabetização, dentre outros, ou seja, não se busca articular seus conteúdos, as ações e estratégias, e persiste o problema dos poucos resultados da formação. Entendemos que o problema a ser superado é: como articular uma formação que transforme?

Essas acepções e esses questionamentos revelam a complexidade subjacente às dimensões que constituem a coordenação pedagógica: a profunda interação entre as três dimensões — na articulação, se revela seu caráter formativo e transformador; na formação, seu caráter articulador e transformador; e na transformação, seu caráter articulador e formativo. Logo, articular/formar/transformar constituem uma unidade que sintetiza a ação do CP. Unidade de opostos e complementares, a um só tempo. Ou seja, não se confundem, não se anulam, mas se imbricam no ato mesmo de coordenar, tendo em foco a formação, a articulação ou a transformação, e se põem em movimento e necessitam ser consideradas e refletidas. A separação dessas dimensões ou o foco excessivo em uma delas pode estar na base de insucessos e insatisfações de formadores quanto a seus resultados.

Mas como dar conta de uma ação que tome essas dimensões como unidade, visto que seu imbricamento não é espontâneo ou automático, mas construído no ato mesmo de coordenar? Acreditamos que a intencionalidade consciente e refletida no momento de planejar é que possibilitará ao CP manter as dimensões articuladas, pois implicará fazer escolhas, adiar focos, sem perder de vista sua retomada.

Essas considerações realçam a especificidade da coordenação pedagógica, por um lado, e fundamentam a base teórico-metodológica de suas ações, ao conferir-lhes a característica de movimento permanente entre três dimensões que constituem a unidade da atividade de coordenar.

2. Sobre a constituição da ação do CP

De modo a favorecer a compreensão das proposições aqui colocadas, pretendemos problematizar as ações dos CPS com as quais nos deparamos em nossas pesquisas e intervenções ao longo de nossa atuação nas escolas. De que modo a formação pode se constituir em espaço de reflexão sobre como articular o atendimento às demandas da escola? Como a articulação para a formação pode superar a forma pragmática e pontual do encaminhamento de problemas na escola? Quais conteúdos da articulação podem contribuir para o avanço da própria formação e da transformação das situações da escola?

Em 2010 (Placco, Almeida e Souza, 2011), realizamos uma pesquisa que mostrou a importância da articulação para as atividades do CP. Nela, enfatizávamos, por meio de uma figura (engrenagem), a interação e a inter-relação entre as dimensões de articulação, formação e transformação. Nossa compreensão é de que essas dimensões são sincrônicas, uma implica a outra.

Importa retomar as definições de cada uma dessas dimensões, de modo a avançar na reflexão sobre essas questões. Por ocasião da elaboração do relatório sobre a pesquisa referida, já destacávamos que, imbricados no papel formativo do CP, estão os papéis de articulador e transformador.

> Como articulador, para instaurar na escola o significado do trabalho coletivo; como transformador, tendo participação no coletivo da escola, estimulando a reflexão, a dúvida, a criatividade e a inovação (Placco, Almeida e Souza, 2011, 16).

E seguíamos dizendo que, na articulação desses três papéis, caberia lembrar a singularidade de cada escola, em suas características pedagógicas, históricas e sociais, o que põe em relevo a necessidade de buscar soluções voltadas a esse contexto, relativo à realidade da escola. Ou seja, para eleger o que articular e transformar, a fim de definir os focos de formação, necessário se faz ter clareza das condições específicas da escola e de suas demandas.

No entanto, em nossas análises, mostrávamos que a articulação aparecia como atividade fundamental e primeira para os CPs de todo o Brasil, ao mesmo tempo que as atividades de formação e transformação eram secundarizadas; quando não ignoradas. A formação de professores deixava a desejar, dentre as ações privativas do CP, e a articulação era prevalente, ainda que CPs declarassem que julgavam a formação a mais importante atividade de sua função.

Revisitando essas colocações à luz de nossa experiência contínua com formação de CPs em redes públicas municipais e estaduais, passamos a nos questionar: em que medida a articulação como conteúdo da formação poderia se constituir, em realidade, o carro-chefe da formação realizada pelos CPs? Em que medida podemos considerar (ou identificar) a articulação como traço identitário da ação do CP?

É preciso diferenciar, antes de tudo, a ação, que se desenvolve no interior das práticas cotidianas, da reflexão sobre a ação, como condição ao avanço da própria ação, pela possibilidade de sua transformação. Ou seja, o fato de os CPs expressarem que a ação que mais desempenham nas escolas se caracteriza como de articulação não indica que tenham clareza da natureza dessas ações e da primazia que assumem em suas práticas. Isso porque uma coisa é viver a coordenação na escola, articulando demandas, atividades, problemas etc. E outra é ter consciência do que se faz, do motivo por que se faz e do objetivo pelo qual se faz.

No segundo caso, a articulação é conteúdo de autoformação e de formação do outro; a articulação comparece na formação e possibilita articular as ações, revelando a capacidade do CP de articular a formação. Dentro da formação, o CP pode lançar mão da articulação para realizar a própria formação, ajudando os professores a aprender a articular as diferentes dimensões de sua prática. Ou seja, a articulação, a um só tempo, é estratégia e conteúdo, é meio e é fim, mediando posturas que vão construindo a identidade do coordenador pedagógico.

Além disso, CP e professores podem aprender a identificar as demandas emergentes na escola, compreendê-las, relacionar a que dimensões da prática se referem, quem pode atendê-las, o que é urgente, o que é emergente, como podem ser articuladas. Desenvolve-se, portanto, o "olhar articulador" que aprende a ver como as diferentes questões e os diversos conteúdos se relacionam, influenciam-se mutuamente, rumo a uma compreensão ampliada e crítica da realidade. Compreensão que possibilitará pensar ações de formação em que se contemplem a unidade articulação/formação/ transformação.

No entanto isso só pode acontecer se o CP tiver consciência de recorrer à articulação e à formação para, em seu planejamento, visar à transformação de conceitos e práticas.

Quando olhamos as ações dos CPs nas escolas percebemos o quanto articulam ações e pessoas o tempo todo. Mas em que medida articulam demandas ou recorrem à articulação como estratégia ou conteúdo na ação formadora, com clara intencionalidade de articular a ação/as ações de todos, dentro das possibilidades de ações formativas na escola?

Tomada da perspectiva que apresentamos, a articulação pode ser compreendida como uma porta de entrada importante para a formação e a transformação das ações e práticas da escola, pois pode ser critério para avaliar e analisar a qualidade da formação.

Temos buscado respostas nas pesquisas, na ação efetiva dos CPs, nas relações, na avaliação, nas teorias, para o que se manifesta com aparência de não transformação das práticas pedagógicas nas escolas, apesar das constantes ações formadoras, ou mesmo na insatisfação dos CPs com os processos formativos que estes organizam e põem em prática. Por vezes, identificamos a dificuldade dos formadores em compreender a articulação necessária — consciente e intencional — das ações, dos conteúdos, das relações, das estratégias, dos objetivos, dentre outros, para que suas ações sejam efetivas na formação de professores e na transformação das práticas.

Reiteramos que a compreensão das dimensões que propusemos e seu imbricamento na ação formadora é um caminho, mas temos clareza de que ainda há muito a explorar quanto às ações práticas que concretizem essa forma de abordagem, construindo-se exemplos de formação que contemplem tal dimensionamento.

Por hora, entendemos que é preciso cuidar para que, em nome de se dimensionar as ações de articular, formar e transformar como unidade, se trate delas como a mesma coisa, e então se possa permanecer no âmbito da articulação — como é, fundamentalmente na maioria das escolas, a atividade precípua do CP nas escolas, entendendo-a como formação. Articular não é o mesmo que formar, mas é seu par dialético e, portanto, constitutivo da formação. Do mesmo modo, formar não é necessariamente articular, mas também o constitui. E ambos, uma vez existindo, devem resultar em transformação das ações e dos seus resultados formativos. É nesse sentido que afirmamos que estas dimensões, isoladamente, são apenas potencialmente formativas. E o desafio do CP é tomar consciência da intencionalidade necessária ao bom encaminhamento das práticas formadoras nas escolas.

3. Conclusão

Por que tomar a identidade do CP como tema recorrente em nossas reflexões, pesquisas e proposições acerca da prática do coordenador? Por que continuar questionando as dimensões de seu fazer, afastando-o da prática docente? Por que lançar ainda mais questionamento a uma profissão que carece de definições e identificações?

Acreditamos que o longo envolvimento com a temática, no âmbito teórico — construído em pesquisas na universidade — e prático, experimentado em nossas atuações como formadoras desse público, nos autoriza a problematizá-lo e buscar propor novas compreensões. É isso o que buscamos fazer neste capítulo, com a clareza de que estamos incitando o debate com tantos outros pesquisadores e formadores de grande experiência sobre o tema.

O modo como nos vemos como profissionais, os princípios que identificamos em nossas ações, as escolhas que fazemos, a significação que atribuímos a nosso papel nos conduzem a agir de formas diversas, decorrentes da nossa história de vida, de formação, de experiência no fazer cotidiano. Também se relaciona, notadamente, com as atribuições que nos fazem sobre o que devemos ser e fazer, atribuições com as quais nos identificamos e às quais aderimos — nas pertenças ou nos estranhamos —, as quais recusamos e das quais nos diferenciamos. Esse processo, que, como diz Dubar (2005), é tensionado e está em movimento permanente, é definidor da forma identitária que assumimos.

Logo, ser coordenador articulador/formador/transformador implica a adesão ao significado dessas dimensões. Adesão que demanda, antes de tudo, conhecer esses significados e atribuir-lhes sentidos, entendidos como identificação com meus princípios e desejos, meus objetivos e minhas metas, minhas possibilidades e a disposição para investir na profissão.

Daí nosso objetivo de refletir, permanentemente, sobre o que está no cerne da ação do CP, que, como o nome diz, envolve ações de diferentes naturezas, e oferecer uma compreensão sobre formas de agir e pensar que contemplem os desafios de ser CP nos complexos contextos e cenários em que se inserem as escolas na atualidade, sobretudo as públicas, que abrigam diversidade ainda maior.

Referências bibliográficas

ALMEIDA, L. R.; PLACCO, V. M. N. S. O papel do coordenador pedagógico. *Revista Educação*, São Paulo: Segmento, ano 12, n. 142, fev. 2009.

DUBAR, C. *A socialização*: construção das identidades sociais e profissionais. São Paulo: Martins Fontes, 2005.

PLACCO, V. M. N. S.; SOUZA, V. L. T. O que é formação? Convite ao debate e à proposição de uma definição, in: ALMEIDA, L. R. e PLACCO, V. M. N. S. *O CP e seus percursos formativos*. São Paulo: Loyola, 2018, 9-16.

PLACCO, V. M. N. S.; ALMEIDA, L. R.; SOUZA, V. L. T. O coordenador pedagógico (CP) e a formação de professores: intenções, tensões e contradições. *Estudos e Pesquisas Educacionais*. São Paulo, Fundação Victor Civita (FVC) — vol. 2, 2011, 227-287. Disponível em: https://fvc.org.br/especiais/estudos-e-pesquisas/#volume-2. Acesso em: 11 jan. 2019.

PLACCO, V. M. N. S.; SOUZA, V. L. T.; ALMEIDA, L. R. de. O coordenador pedagógico: aportes à proposição de políticas públicas. São Paulo, *Cadernos de Pesquisa*, dez. 2012, vol. 42, n. 147, 754-771. Disponível em: http://www.scielo.br/scielo.php?script=sci_arttext&pid=S0100-15742012000300006&lng=pt&nrm=iso. Acesso em: 11 jan. 2019.

Questões emergentes da escola e a coordenação pedagógica

Luzia Angelina Marino Orsolon[1]
luorsolon@uol.com.br

1. Escola, escolas...

É no cotidiano destas organizações, legisladas nos âmbitos federal, estadual ou municipal, onde atuam os diferentes atores escolares, que chegam as demandas provenientes do sistema, da sociedade e da comunidade em que estão inseridas. Na escola é possível presenciarmos valores como igualdade, solidariedade, respeito ao outro, tolerância às diferenças, honestidade, dentre outros, mas também atitudes que indicam preconceitos, exclusão, violência, desrespeito e diferentes formas de discriminação.

As falas a seguir nos revelam um pouco desse cenário e nos convidam a pensar nas questões emergentes da escola.

"Nesta escola a merenda é muito boa, melhor que na outra (escola)." (Aluna)

"Na reunião de pais tinha pouca gente, e os diretores pediram para que nós chamemos a atenção de nossos filhos, que estão muito bagunceiros em sala e desrespeitam o professor". (Mãe)

"Quero conseguir vaga em outra escola para meu filho, pois na atual há muito drogado". (Pai)

---

1. A pesquisadora é mestra em Educação pelo programa de Estudos Pós-Graduados em Educação: Psicologia da Educação, da PUC-SP, e está vinculada ao grupo de pesquisa Contexto Escolar: Processos Identitários na Formação de Professores e Alunos da Educação Básica (CEPID).

"Continuo procurando escola para colocar o Pedro, portador de algumas necessidades especiais". (Mãe)

Merenda, drogas, inclusão, relações com as famílias são algumas das situações que chegam à escola e são silenciadas, sob a alegação de que não fazem parte de sua função, ou mesmo de que não estão preparadas para encaminhá-las.

Para recuperar as finalidades da escola, recorremos à legislação e aos discursos de alguns educadores e constatamos que, embora possam existir divergências entre concepções, há questões importantes sobre a finalidade última da escola a ser consideradas. De acordo com a Lei de Diretrizes e Bases da Educação Nacional (LDB, 2013), a escolaridade básica visa propiciar acesso, de maneira organizada e sistematizada, ao saber historicamente produzido, saber esse aqui entendido como *conhecimento poderoso*, isto é, aquele que está além do *conhecimento dos poderosos (daqueles que detêm o poder)* (Young, 2007), ou seja, o conhecimento que implica novas formas de pensar o mundo, de acessar a cultura e a ciência acumuladas, indo além das aprendizagens mínimas para a sobrevivência (Libâneo, 2012). Teremos, portanto, uma escola emancipadora, propulsora da transformação social, propiciadora da superação das desigualdades sociais, responsável pela formação integral do sujeito cidadão. Finalidades essas alcançadas por meio de currículos plenos de significados e sentidos, domínio de saberes sistematizados que propiciem o exercício autônomo e crítico da cidadania, "pois não há justiça social sem conhecimento e não há cidadania se os alunos não aprenderem" (Libâneo, 2012, 26).

Evidenciado está o compromisso da escola com o conhecimento. No entanto aponto, concordando com Libâneo, que a escola pode, "por um imperativo social e ético, cumprir algumas missões sociais e assistenciais", em virtude de sua convivência com a pobreza, a fome, o consumo de drogas, a violência, entre outros fatores (2012, 26).

Reafirmo que enfrentar as questões até aqui postas se constitui um dos maiores desafios de nosso tempo (Young, 2007; Libâneo, 2012). Questões emergentes da e na escola.

2. Emergente — o ainda não completamente pensado

Mas como equacionar e distinguir as demandas urgentes das demandas emergentes? O urgente, nos informa o dicionário *Aurélio*, é o que é necessário ser feito com rapidez. Indispensável e imprescindível, ou, como habitualmente dizemos, "para ontem". O emergente é o que emerge, o que vem à tona, o que sai de onde estava mergulhado.

O coordenador pedagógico, como sabemos, tem um dia a dia exigente, com inúmeras tarefas e funções para cumprir, as quais muitas vezes tomam conta de todo o seu cotidiano, justificando, em várias situações, a falta de tempo e de condições para planejar e realizar o trabalho intencionado. Perde-se atendendo às urgências, sem tempo para atentar ao que emerge do e no dia a dia da escola.

Almeida (2009), ao se referir ao trabalho do coordenador pedagógico, destaca a importância do olhar ativo, do olhar intencional, do prestar atenção no outro, aqui entendido como o parceiro, a gestão, a organização e mesmo o sistema. A autora nos ajuda ainda na distinção do que caracterizei como questões urgentes e emergentes, ao fazer referência à amplitude do olhar. O olhar da urgência seria o *olhar imediato*, de curto alcance, que nos remete aos problemas cotidianos. O olhar para o emergente seria o *olhar mais amplo*, que, embora nos remeta ao cotidiano, nos permite projetar para o que desejamos e precisamos construir em médio e longo prazos.

Já Placco (2003) nos fornece indicadores para o coordenador lidar com as urgências do seu cotidiano, sem perder de vista a concretização do projeto político pedagógico da escola, este, sim, responsável por mostrar aquilo que emerge do trabalho pedagógico cotidiano.

Para a autora, é fundamental que o coordenador investigue suas ações, a fim de identificar o que pode ser aperfeiçoado, e para isso recorre a Gonçalves (1995), que, baseado em Matus (1991), utiliza quatro categorias — *importância, rotina, urgência e pausa* — para analisar a organização do trabalho do coordenador.

Importâncias são as ações prioritárias definidas para a consecução dos objetivos estabelecidos. *Rotinas* são os procedimentos para garantir o funcionamento do cotidiano escolar. Ambas são atividades planejadas. As *urgências* são atividades que visam atender necessidades e situações não previstas no dia a dia escolar, que, embora possam quebrar as *rotinas*, exigem atenção e, algumas vezes, atrasam ou redirecionam as *importâncias*.

Os autores chamam a atenção para uma possível contradição que pode ocorrer no par importância-rotina, à medida que a rotina, ao mesmo tempo que garante a manutenção do funcionamento da escola, corre o risco de secundarizar as importâncias, fazendo com que estas passem, "ao longo do tempo, temidas como ameaças à estabilidade" (Placco, 2003, 49).

As atividades de pausa são as implicadas com as necessidades da pessoa e com a humanização do trabalho. Elas aperfeiçoam as relações e a comunicação entre os pares.

Dessa maneira, as questões aqui denominadas emergentes muitas vezes não são postas em relevo, e como, em sua maioria, são questões cujo trato ainda é desconhecido pela escola e por seus atores, podem gerar tensões, conflitos, recusas e, em consequência, comprometer os movimentos de transformação da escola.

Acredito que a escola, quando se organiza em espaços de trabalho coletivos de reflexão, troca de experiências e convivência, quando o coordenador realiza um trabalho intencional que comprometa, engaje e articule os docentes e a gestão, poderá se constituir num ambiente propício para a percepção, o levantamento e o enfrentamento das questões que emergem na e da realidade escolar.

Proponho pensarmos a sala de aula como um espaço possível para realizar esse trabalho transformador que possibilite o enfrentamento das questões emergentes da escola e os espaços de formação que acontecem na escola como uma possibilidade desencadeadora desse processo.

Para dentro da sala de aula, o professor carrega consigo as experiências pessoais que vivenciou na escola, enquanto aluno, as acadêmicas, obtidas em seu curso inicial de formação e as profissionais, resultantes de sua prática diária. São experiências positivas e também negativas, transformadoras e também conservadoras, que constituem sua bagagem, seu ser e estar professor e que, portanto, influenciam seu fazer em sala (Tardif, 2004; Hernández, 1998).

Não é diferente com o coordenador, envolvido com os processos de formação dos professores na escola. Da mesma maneira que muitos professores podem desistir de sua turma, os coordenadores também podem vivenciar momentos de desilusão/cansaço. Sentimentos estes muito aflorados na contemporaneidade, quando o aluno ou o professor idealizado, presentes no nosso imaginário, se distanciam dos sujeitos reais a serem trabalhados.

Nesses momentos, é necessário pausar, experimentar olhar para além da dificuldade, ou seja, para a potencialidade, para *o ainda não, para o que emerge*. Arriscar-se em novas práticas pedagógicas, para as quais não há modelos prévios, mas, se planejadas em conjunto com os pares de turno e série e em parceria com o coordenador, podem se tornar experiências ricas que serão incorporadas no projeto político pedagógico da escola. Este seria um movimento facilitador para encaminhar muitas das questões que, num primeiro momento, não seriam identificadas como pertencentes à escola.

3. A formação continuada na escola como uma possibilidade para lidar com as questões emergentes

Hernández (1998) faz duas observações a serem consideradas quando se planeja um programa de formação docente: primeira, seria necessário que, nos processos de formação, os docentes encontrassem respostas para problemas selecionados ou sugeridos por eles mesmos; e segunda, que os coordenadores planejassem estratégias de formação vinculadas com as diferentes formas de aprendizagem dos docentes.

O coordenador, como responsável pelos processos de formação, ao implicar os docentes no diagnóstico das questões a serem enfrentadas, propiciará condições para que estas e os problemas emergentes sejam levantados, bem como condições para planejar como lidar com eles, tanto em sala de aula como na organização escolar. Obtém-se, assim, pautas de trabalho e temas para os processos formativos suscitados no e pelo grupo. Ao acompanhar e avaliar o trabalho docente no processo, como prática cotidiana na escola, o coordenador propicia condições para aperfeiçoar o trabalho e inserir o emergente no projeto político pedagógico da escola.

Quanto à segunda observação, o autor nos convida a pensar sobre como os docentes aprendem, para que possamos planejar programas de formação nos quais os docentes aprendam, isto é, sejam capazes de transferir para a prática docente o que conheceram em situações de formação.

Recorremos a Placco e Souza (2006), organizadoras de um livro sobre a aprendizagem do adulto professor, com base em uma experiência vivida com um grupo de adultos, educadores, do qual tive oportunidade de participar. Foi um processo de encontros, discussões, reflexões e descobertas profícuas que se configurou como um *processo de aprendizagem coletiva*, no qual estávamos implicados. Considerei significativo trazer alguns depoimentos e posicionamentos desses educadores aprendizes para compor este texto. São referências de anotações pessoais que integraram meu processo de aprendizagem.

A aprendizagem do adulto resulta da "interação entre adultos, quando experiências são interpretadas, habilidades e conhecimentos são adquiridos e ações são desencadeadas" (Placco e Souza, 2006, 17). A escola é um local privilegiado para interações entre seus atores, e os espaços de formação continuada podem se constituir em momentos significativos de aprendizagem tanto para o coordenador como para o professor.

As ações do coordenador são pautadas em princípios que as fundamentam e se constituem ponto de partida para os processos a ser desencadeados.

Retomo os *princípios norteadores* da aprendizagem do adulto, sistematizados por Placco e Souza (2006) com o objetivo de oferecer subsídios para o planejamento do coordenador, comprometido com a tarefa de formação e aprendizagem de professores.

> A aprendizagem do adulto decorre de uma construção grupal.
> A aprendizagem se dá a partir do confronto e do aprofundamento de ideias.

O processo de aprendizagem é singular e envolve escolha deliberada.
O processo de aprendizagem envolve compromisso e implicação com o objeto ou evento a ser conhecido e com os outros da aprendizagem.
O ato de conhecer é permanente e dialético.
O ponto de partida para o conhecimento é a experiência que acumulamos.
A base da aprendizagem está na linguagem, na atribuição de significados e sentidos (Placco e Souza, 2006, 23).

A clareza e a explicitação dos princípios norteadores de nossas ações facilitarão o diálogo com o outro e com o grupo, possibilitando o alcance das metas já estabelecidas, ou mesmo o redirecionamento destas, de maneira consistente. São os princípios também que iluminam a eleição de conteúdos e procedimentos para os momentos de formação e aprendizagem.

Tecerei comentários e sugestões decorrentes de minha *experiência acumulada*, que, segundo as autoras, *constitui o ponto de partida para o conhecimento do adulto.*

Embora na escola estejam alocados vários profissionais, é preciso investir para que estes formem um grupo, isto é, estejam engajados no desenvolvimento de metas comuns. Estas são algumas das atribuições do coordenador: articular e mediar as situações para que as necessidades individuais e institucionais não se sobreponham umas às outras, mas caminhem na direção comum. É preciso investir na criação de vínculos, propiciar condições para que os participantes se conheçam e identifiquem seus valores e suas crenças. Investir também na organização dos tempos e das pausas do grupo, na atribuição de responsabilidades e nos acordos e combinados com o grupo e no grupo. Criar um ambiente que favoreça o desenvolvimento do trabalho e novas aprendizagens.

> Percebo que é no ambiente de trabalho, no contato com os colegas que muitas das minhas aprendizagens têm ocorrido e que o fato de trabalhar na área que escolhi e gosto, tem facilitado minha disposição para aprender (Educador aprendiz M).

O coordenador, ao organizar encontros coletivos com os professores para trocar experiências e reflexões sobre suas práticas, bem ou malsucedidas, ou sobre questões que estão emergindo na escola e preocupando esses coletivos, mobilizará processos de aprendizagem. As conversas sobre as práticas podem ser planejadas como uma apresentação dialogada no formato de seminários ou mesmo por meio de vivências propostas aos colegas. São momentos propiciadores para lidar com os desafios trazidos pelo grupo, para os quais o coordenador também deverá questionar-se. "Aprendo, também, quando reflito sobre minha prática, encontro consensos e dissensos entre ela e a teoria que conheço, e, a partir de então, reelaboro-a, modificando-a a partir de erros e acertos." (Educador aprendiz L).

Poderá propor a discussão das concepções subjacentes às práticas escolares, propiciando oportunidade para o professor compreender a fundamentação e a inspiração das tomadas de decisão nos âmbitos individual e organizacional de maneira a evidenciar, para ele e para o grupo, que suas ações são contextualizadas, consequentes e que *os processos de aprendizagem são singulares e envolvem escolhas deliberadas*.

O coordenador poderá também planejar atividades que desafiem o professor a conhecer diferentes pontos de vista e refletir sobre eles para uma mesma questão ou um problema a ser encaminhado pelo grupo. São discussões intencionais e deliberadas que propõem articulações e interações. Neste movimento, criam-se possibilidades para *o confronto e o aprofundamento de ideias*, de maneira fundamentada, possibilitando novas aprendizagens e a tomada de decisão coletiva.

> Aprendo com a ajuda do outro — no confronto de ideias e de ações, com o olhar e a reflexão do outro, com a diversidade de experiências do outro, com os toques e as dicas que o outro me dá (Educador aprendiz F).
>
> Aprendo quando sou capaz de incorporar a nova informação ao meu repertório de conhecimento, quando sou capaz de transferir para outras situações, aplicar, usar e compreender no meu dia a dia, resolver os problemas com que me deparo (Educador aprendiz M).

Outra atividade importante nesse processo de aprendizagem e formação de professores é a prática do registro com o objetivo de evidenciar a apropriação do conhecimento, isto é, explicitar o produto da aprendizagem realizada no e pelo grupo, suas implicações nas respectivas práticas e as referências importantes surgidas na discussão.

Nesse sentido, o registro revela o resultado das discussões de um grupo no qual cada participante, mesmo tendo feito uma leitura, visto um filme ou analisado um relato de experiência em comum, traz para a discussão suas experiências pessoais e profissionais, suas subjetividades, que vão sendo reafirmadas, confrontadas, ampliadas ou questionadas.

Esse processo demanda cuidados da coordenação no e com o grupo de aprendizes, pois, ao publicar, o professor autor do registro se expõe, abrindo possibilidades e correndo riscos. Cabe ao coordenador criar oportunidades para que os participantes tragam seus estilos pessoais, acolham os textos, a fim de facilitar o enfrentamento de inseguranças, medos e limitações pessoais que possam existir e fortalecer a aprendizagem do professor autor, encorajando-o a fazer reformulações necessárias.

Os registros podem ser produzidos ora em duplas, ora individualmente, sempre com rodízio entre os participantes, para que todos possam desenvolver sua autoria por meio de diferentes linguagens e processos criativos.

A leitura do registro anterior, em cada novo encontro, possibilita reavivar o repertório do grupo e atribuir novos *significados e sentidos para a aprendizagem*, abrindo possibilidades para ampliar as discussões, encaminhar as questões, desencadear outras, enfim, confirmar o princípio de que o *ato de aprender é permanente e dialético*.

O depoimento das educadoras aprendizes T e N:

> Para ajudar esta reflexão (sobre como eu aprendo), que tem se mostrado complexa, resolvi pensar em quais situações não aprendo. Quando constato uma resistência interna, que pode ser provocada por vários motivos: dificuldade para rever uma ação, preconceito em relação ao outro, ambiente ou clima hostil à minha pessoa.

Ao lidar com um grupo de professores da área de exatas e encontrando resistência ao que estava sendo proposto estudar (procedimentos pedagógicos), recuei e resolvi apenas estar por perto deles na medida da necessidade de cada um. Fiz isso refletidamente, acreditando que levaria mais tempo, contudo chegaria o momento de caminhar para o alvo. A partir das conversas que tínhamos na sala de professores, das colocações de dificuldades e de como cada um resolvia suas dificuldades de sala de aula, fui capaz de mostrar a validade da pedagogia. Hoje, eles estão buscando respostas e solicitando textos e estudos na linha do que estava sendo proposto.

Faltava-lhes visão da necessidade, faltava-lhes motivação e, acima de tudo, um vínculo com minha pessoa.

Nos conduzem a enfatizar a necessidade da ação atenciosa do coordenador, ao articular e mediar as situações de aprendizagem do grupo, as quais envolvem interação, exposição, enfrentamentos, recuos e conflitos. As atitudes de respeitar as opiniões, acolher diferenças, confrontar com generosidade, flexibilizar quando necessário, sem jamais perder de vista as intencionalidades de suas ações, serão facilitadoras de um processo de aprendizagem de adultos comprometidos com a educação e capazes de levantar alternativas de ação para as questões emergentes da escola, a serem enfrentadas.

Afirmei que emergente é o ainda não completamente pensado. No caso da escola, seriam todas aquelas questões que estão ocultas, caladas ou silenciadas, porque não contempladas nos projetos político-pedagógicos, mas que ali chegam diariamente, na informalidade das conversas, via noticiário da mídia, via clamor dos alunos, via comentários na sala dos professores.

Sugeri alguns caminhos para encorajar desvelá-las e transformá-las em objeto de trabalho de toda a equipe, na qual o coordenador tem um importante papel junto aos demais atores da escola. Como já afirmado (Orsolon, 2001), lidar com *o ainda não* nos desafia e angustia e supõe que o coordenador, para transformar a realidade, transforme também a si mesmo. Nesta direção, assumir que os momentos de formação continuada, voltados para a formação de professores, se constituem em grupos de aprendizagem é assumir a possibilidade da transformação desde a sala de aula até toda a organização escolar, e a de cada ator implicado nas respectivas instâncias de atuação.

Assuntos ainda tabus, demandas ainda reprimidas, temáticas não manifestas poderão ser transformadas em conteúdo a ser trabalhados na escola. E esses movimentos, embrionários de transformações, já têm previstos espaços para concretização no projeto político-pedagógico, que pode, dessa forma, se constituir no documento legítimo para encaminhar as questões emergentes da escola.

Referências bibliográficas

ALMEIDA, L. R. O relacionamento interpessoal na coordenação pedagógica. In: ALMEIDA L. R.; PLACCO V. M. N. S (Org.) *O coordenador pedagógico e o espaço da mudança*. 7ª ed. São Paulo: Loyola, 2009.

GONÇALVES, C. L. *O trabalho pedagógico não docente na escola*: um ensaio de monitoramento. Mestrado em Educação. Universidade de São Paulo, 1995.

HERNÁNDEZ, F. A importância de saber como os docentes aprendem. *Pátio Revista pedagógica* n. 4. Porto Alegre: Artes Médicas Sul, fev.-abr. 1998.

LEI DE DIRETRIZES E BASES DA EDUCAÇÃO NACIONAL (9394/1996. 2013). Brasília: MEC.

LIBÂNEO, J. C. O dualismo perverso da escola brasileira: escola do conhecimento para os ricos, escola do acolhimento para os pobres. *Educação e Pesquisa*, São Paulo. v. 38, n. 1, 13-28, 2012.

MATUS, C. *Curso de planificação de governo*: Guia de análise teórica. São Paulo: Ildes Editor, 1991.

ORSOLON. L. A. M. O coordenador formador como um dos agentes de transformação da/na escola. In: ALMEIDA L. R.; PLACCO V. M. N. S. (Org.). *O coordenador pedagógico e o espaço da mudança*. 7ª ed. São Paulo: Loyola, 2009.

PLACCO V. M. N. S; SOUZA V. T. (Org.). *Aprendizagem do adulto professor*. 2ª ed. São Paulo: Loyola, 2006.

PLACCO, V. M. N. S. O coordenador pedagógico no confronto com o cotidiano da escola. In: PLACCO E ALMEIDA (Org.). *O coordenador pedagógico e o cotidiano da escola*. 9ª ed. São Paulo: Loyola, 2012.

TARDIF, M. *Saberes docentes e formação profissional*. Petrópolis: Vozes, 2004.

YOUNG, F. D. M. O futuro da educação em uma sociedade do conhecimento: o argumento radical em defesa de um currículo entrado em disciplinas. In: *Revista Brasileira de Educação*, v. 16, n. 48, set.-dez. 2011.

Inclusão: questão desafiadora emergente na escola

Regina Célia Almeida Rego Prandini[1]
reginaprandini@hotmail.com

A inclusão de *alunos com deficiência, transtornos globais do desenvolvimento*[2] *e altas habilidades ou superdotação* — termo empregado pela legislação — continua sendo hoje um tema emergente e desafiador na escola apesar de haver um grande acervo bibliográfico em teses e dissertações. Extensa é também a produção sobre o acesso à educação como um direito universal e sobre os preceitos legais da inclusão na escola tratada nos documentos Política Nacional de Educação Especial na Perspectiva da Educação inclusiva de 2008 — este fonte do maior conteúdo sobre educação inclusiva — e Plano Nacional de Educação (PNE) — que estabelece a obrigatoriedade de pessoas com deficiência frequentarem ambientes educacionais inclusivos.

---

1. Doutora em Educação: Psicologia da Educação pela Pontifícia Universidade Católica de São Paulo (PUC-SP), pós-doutoranda no mesmo programa.
2. Apesar de a legislação que estabelece o público-alvo da educação especial ainda utilizar a denominação Transtornos Globais do Desenvolvimento (TGD), atualmente tem se utilizado cada vez mais a expressão Transtorno do Espectro Autista (TEA), que é a denominação que *O manual de diagnóstico e estatística de transtornos mentais (DSM-V)*, que é uma publicação da Associação Psiquiátrica Americana, estabeleceu para se referir ao grupo que antes era denominado como TGD. O objetivo da mudança foi acabar com as inúmeras subdivisões que existiam e incluí-las dentro de um único grupo, no qual se faz uma classificação de acordo com a severidade do transtorno.

Proponho-me, então, a seguir outro caminho, apresentando neste artigo algumas reflexões a partir de minha própria experiência e de uma colega coordenadora que contribuiu com seu depoimento.

1. O olhar

"Eu não entendo de inclusão!" Com essa frase e muitas reservas me apresentei ao cargo de coordenadora de um projeto de formação de educadores para inclusão em uma rede municipal de educação de um município do estado de São Paulo. Nesse trabalho tive meus primeiros contatos com as questões ligadas à inclusão dos alunos com deficiência nas escolas e vivenciei experiências muito significativas.

Os aspectos dessa experiência que mais me marcaram se deram na convivência com os formadores que compunham a equipe: pessoas com deficiências físicas e sensoriais — visuais e auditivas — de nascença e adquiridas.

Trabalhar com eles me fez perceber meu olhar distorcido para com as pessoas com deficiência: eu as via como seres frágeis e incapazes priorizando o que lhes faltava. Lembrei-me de minha mãe ensinando-me a não fixar o olhar nas pessoas com deficiência porque era falta de educação. Esse era o ensinamento que me havia impregnado e estava presente no universo de representações do meio social a minha volta. Meu olhar tendia a comparar as pessoas com deficiência a um espécime-tipo humano ideal, modelo de normalidade, e, ao fazê-lo, as desqualificava, julgando-as incapazes. Esse olhar distorcido, naturalmente constituído no meio social, era responsável pelo fato de eu substituir os nomes das pessoas pelos de suas deficiências ao me referir a eles: o/a down, o/a paraplégico(a), o/a autista, o/a cego(a), como se a deficiência fosse mais do que constituinte da pessoa, mas seu traço definidor. Percebendo isso, entendi também que o próprio termo utilizado atualmente, pessoa com deficiência, coloca a pessoa antes da deficiência exatamente no intuito de enfatizar o todo, a pessoa completa, e não a sua deficiência.

É a exclusão prévia que esse olhar impõe às pessoas com deficiência que torna necessário o esforço de inclusão. Frequentemente evitamos tudo que se afasta do modelo que temos idealizado, que julgamos adequado, e com o qual acreditamos manter uma boa relação de semelhança. Considerar a pessoa incapaz de participar de nosso mundo de maneira equânime[3] é o que a exclui, uma vez que ninguém "vive fora do mundo".

O olhar inclusivo não é constituído naturalmente em nosso meio. A educação do olhar, a meu ver, é pré-requisito fundamental para preparar o educador, o professor, o coordenador pedagógico e os demais gestores para trabalhar a inclusão na escola.

2. Como educar o olhar para que seja inclusivo?

O desenvolvimento do olhar inclusivo depende de propósito, de intenção. O processo para cunhá-lo deriva da convicção ética sobre a igualdade fundamental entre os homens, da assunção da equidade como valor-base das relações, o que implica, tendo em vista a igualdade de direitos, tratar as pessoas de acordo com sua singularidade, acreditando que o respeito e a valorização das diferenças, da diversidade, têm o poder de enriquecer as relações.

Cunhar o olhar inclusivo exige esforço e determinação. É uma escolha, um processo que se inicia quando nos predispomos a resistir ao impulso de julgar as pessoas baseando-nos nas primeiras impressões. Ao identificar uma pessoa com deficiência, devemos voltar para ela o olhar amoroso[4], de legítimo apreço, que valoriza

---

3. Equânime — Equidade é um conceito fundamental quando se fala de inclusão. Segundo Abbagnano (2000), o conceito foi esclarecido por Aristóteles e reconhecido pelos juristas romanos e refere-se à correção da lei que, em virtude de sua universalidade, está sujeita ao erro em relação ao seu próprio fundamento de justiça. A justiça não está em aplicar as normas de modo universal, mas, a partir da consideração da igualdade fundamental entre os homens, da igualdade de direitos, aplicá-las considerando cada caso de acordo com sua singularidade. Assim, tratar uma pessoa com equidade, ou de maneira equânime, refere-se a ser ético, justo em relação à igualdade de direitos em relação aos demais.

4. Os termos amorosidade, amor, amoroso são empregados nesse texto no sentido freiriano, como fundamento do diálogo e do compromisso com a causa do outro.

as características comuns que nos definem como seres humanos, com ou sem deficiência.

O desenvolvimento desse olhar provocou em mim uma transformação de sentimentos: deixei de penalizar-me pela deficiência e passei a prezar a pessoa com profundo respeito.

O olhar inclusivo, amoroso, baseado na valorização do princípio da igualdade essencial entre os homens, da equidade, é a base para a atuação do coordenador pedagógico no planejamento e na articulação das ações visando à inclusão dos alunos com deficiência na escola.

3. Deficiência e constituição da pessoa[5]

Outro aspecto impactante e transformador dessa mesma experiência com as pessoas com deficiência foi perceber que elas falavam com naturalidade de suas deficiências sem se sentir diminuídas ou desqualificadas por elas, mas tratando-as como uma de suas características, que, embora fosse importante, não as definia como pessoas. Seu sentido de identidade incluía a deficiência, mas não era limitado por ela.

Testemunhar essa forma de sentir-ser-no-mundo encheu-me de esperança e confiança. Passei a ver neles modelos para projetar futuros para as crianças com deficiência que frequentavam as escolas-focos do projeto que eu coordenava.

A pessoa com deficiência precisa e deseja ser vista como alguém com potencialidades, capaz de viver com autonomia usando seu potencial para superar as dificuldades e barreiras que enfrenta por suas limitações e que, para além das limitações, para a realização de determinadas atividades, ela é, como todas as outras, uma pessoa completa, cheia de possibilidades para fazer outras coisas ou as mesmas coisas de outra forma.

---

5. O termo pessoa é o da teoria de Henri Wallon, segundo a qual a pessoa é sempre uma pessoa completa que se constitui no meio a partir da relação dialética com ele, desenvolvendo suas características a partir da relação com as condições determinantes a que está submetida.

Olhar uma pessoa com deficiência como uma pessoa completa, da qual a deficiência é parte constitutiva que não a desqualifica ou diminui, exige um trabalho pessoal e é fundamental para nos relacionarmos com ela de maneira equânime. É condição *sine qua non* para que nós educadores desempenhemos um papel formativo diante de nossos pares e alunos.

Para incentivarmos os alunos com deficiência a desenvolver suas potencialidades, uma boa dose de inconformismo é necessária, pois lutar contra os limites, acreditando que é possível ir além deles, o exige. Assumir-se como parceiro nessa tarefa sem subestimar o aluno ou superestimar a deficiência reconhecendo seus direitos e deveres, suas escolhas, sem isentá-lo de suas responsabilidades, é sinal de profundo respeito e fundamental para contribuir positivamente para o desenvolvimento de um sentido de apreço de si próprio, necessário à constituição da identidade que inclua a deficiência.

Assim, é desejável procurar formas para que o aluno com deficiência participe das atividades junto aos demais, desempenhando as mesmas funções de outra maneira, ou outras funções de que seja capaz dentro da mesma atividade de modo equânime.

O educador não pode se conformar em simplesmente aceitar a limitação própria da deficiência como limite à participação das atividades e ao desenvolvimento da pessoa. A criação de situações de aprendizagens para a classe, considerando a participação do aluno com deficiência com suas limitações e fazendo uso de suas potencialidades, deve ser objetivo da escola inclusiva, e cabe aos educadores buscar as melhores condições para que isso possa ocorrer.

Neste percurso, o coordenador deve colocar-se como parceiro do professor no enfrentamento das dificuldades, alimentando o olhar para a pessoa completa, o inconformismo com o limite e a crença em seu potencial para a superação com o objetivo de forjar atividades das quais todos possam participar de maneira equânime.

4. Superação, deficiência e meio

Quando falavam sobre si mesmos e suas deficiências, os formadores deixavam transparecer como se sentiam engrandecidos pela superação de suas limitações. A palavra superação, sempre mencionada com relevo, para além de seu significado encontrado nos dicionários — como vencer, ultrapassar os limites —, tinha para eles um sentido ligado à aceitação e ao desenvolvimento de sua identidade incluindo a deficiência.

Superação representa força e está intimamente ligada à *busca constante de formas equânimes de relacionar-se com os outros, com suas deficiências, e não apesar delas*, e ao reconhecimento por seu potencial, de sua capacidade para a realização de suas atividades de maneira competente e autônoma. Superação é mais do que um objetivo a ser alcançado, é um componente essencial na constituição da pessoa com deficiência que garante que ela desenvolva uma autoestima positiva. O sentido da superação confere à pessoa com deficiência confiança e sentimento de apreço por si, sendo fundante de uma identidade forte que lhe possibilita relacionar-se com os demais sem desvantagem por conta de sua deficiência.

Ao oferecer alternativas aos alunos com deficiência para a superação de seus limites, incentivando o desenvolvimento de suas potencialidades, estamos alimentando o desenvolvimento do sentimento de confiança em si, base de autoestima positiva e do sentido de identidade que inclua a deficiência como parte importante da pessoa completa.

Por outro lado, as limitações das pessoas com deficiência são menos definidas por sua deficiência do que pelas condições do meio, entendido não apenas como meio físico, mas também o social. O mundo a nossa volta foi pensado para as pessoas sem deficiência, muito embora pequenas modificações comecem a ser feitas para torná-lo mais acessível. Estamos acostumados a agir considerando que as pessoas ao nosso redor, nossos interlocutores, têm as mesmas características que nós. Utilizar os espaços públicos como caminhar pelas ruas, vencer desníveis, inteirar-se das sinalizações visuais e do que está acontecendo ao redor pelos sons e ruídos que emitem, comunicar-se com os demais através de gestos, expressão corporal, uso da língua, ser capaz de ler, compreender e interpretar corretamente os diversos textos ao nosso redor, e ainda tarefas mais essenciais como alimentar-se, são atividades que não oferecem dificuldades a uma pessoa sem deficiência, no entanto podem apresentar grandes barreiras para uma pessoa de acordo com sua deficiência, sendo assim responsáveis pela exclusão delas de um mundo ao qual têm acesso os demais.

A organização de circunstâncias específicas que possibilitam a inclusão da pessoa com deficiência, considerando o seu potencial nas diversas atividades e em grupos sociais, lhe garante *equiparação de oportunidades*. A inclusão, então, depende de diferentes atitudes para compor uma circunstância na qual todos possam conviver e trabalhar de maneira equânime, com autonomia.

Dessa forma, a atitude inclusiva difere da atitude de integração na qual se visa ajudar a pessoa com deficiência com o objetivo de adaptá-la ao meio existente, mas, ao contrário, consiste na adaptação do meio para oferecer as condições de que necessita para atuar de maneira autônoma. Ajudar pessoas com deficiência em suas tarefas é, sem dúvida, uma ação solidária, mas a inclusão, mais que isso, depende da preocupação social em eliminar o que possa se constituir em barreiras para que todas as pessoas possam viver com autonomia, com dignidade. A construção de rampas, pisos podotáteis, a implantação de faróis com sinais sonoros, a interpretação em libras, audiodescrição, entre outros, são exemplos de ações inclusivas. A inclusão é, pois, um movimento de mão dupla, que exige da sociedade consciência e vontade ética para promoção da equidade.

Para incluir uma pessoa com deficiência, considerando-a uma pessoa completa, faz-se necessário questioná-la e questionar-se sobre as condições de que necessita, *pensar com ela* sobre as condições que lhe tornam possível agir com autonomia e atuar no sentido de providenciar essas condições para atender à sua singularidade.

Existem vários recursos que visam atender às necessidades da pessoa com deficiência. Encontramos um bom exemplo de emprego das chamadas tecnologias assistivas no filme *A teoria de tudo*, sobre a vida de Stephen Hawking, um dos mais renomados cientistas do século, que, acometido por uma doença motora degenerativa, pôde continuar a viver incluído socialmente e produzindo graças à utilização dessas tecnologias e à disponibilidade das pessoas a sua volta, que, por reconhecerem e valorizarem seu potencial, providenciaram condições para que ele pudesse interagir nos diversos grupos aos quais pertencia.

A equiparação de oportunidades não pressupõe tratamento igual para todos, mas, sim, tratamento diferenciado, de acordo com as condições de cada um, visando garantir os mesmos direitos, as mesmas condições de aprendizagem, desenvolvimento e acesso à cultura. É um conceito essencial à inclusão efetiva, já que seu objetivo é garantir condições equânimes de vida a todos.

É necessário avaliar o ambiente escolar a partir desta perspectiva e atuar para mitigar barreiras, sejam físicas ou sociais, especialmente de comunicação, para as pessoas com deficiência nele imersas. Com esse objetivo, o coordenador pedagógico pode buscar os órgãos competentes e parcerias que possam ajudar na aquisição de materiais e formação aos educadores favorecendo a participação na vida comunitária para as pessoas com e sem deficiência, com autonomia e equiparação de oportunidades.

5. Inclusão-exclusão e equipe escolar

Ao longo de minha vida profissional, tenho ouvido de colegas educadores várias histórias sobre "casos de inclusão" que terminam em exclusão. Amanda[6], coordenadora pedagógica de uma escola particular de São Paulo, contou-me que, em suas primeiras experiências com alunos com deficiência matriculados nas classes de ensino regular da escola, foram tantos os conflitos, que a solução encontrada foi solicitar a transferência deles para outra instituição:

> Como os alunos eram "agressivos, desobedientes, descontrolados, apresentavam comportamentos estranhos", a escola sugeriu às famílias que solicitassem a transferência deles para outras instituições.

---

6. Nome fictício dado à coordenadora que deu seu depoimento com finalidade específica de contribuir para este artigo.

Essa atitude, segundo sua visão, deveu-se ao "não saber o que fazer" com os alunos cuja presença era "perturbadora da ordem" e prejudicava o "trabalho a ser desenvolvido com os demais alunos".

Sobre um aluno surdo que cursava a educação infantil, ela contou que a transferência foi solicitada assim que se iniciou o processo de alfabetização:

> Não sabíamos e nem imaginávamos ser possível alfabetizá-lo junto com os demais. Conhecíamos o atendimento a que era submetido, mas a impossibilidade de seguir no mesmo ritmo dos demais impedia de mantê-lo na escola.

É relativamente comum *o não saber o que fazer* com o aluno "de inclusão" ou "incluído", termos inadequados, mas comumente usados na escola para designar os alunos com deficiência, e com isso levar à exclusão efetiva deles.

Outra forma de exclusão é o "abandono pedagógico" que acontece quando não se incentiva a participação dos alunos com deficiência nas atividades promovidas em classe. Creio que todos nós educadores conhecemos histórias de alunos com deficiência que permanecem no fundo das salas de aula sem nenhum tipo de atenção que vise sua inclusão efetiva. Essa forma de exclusão, de que são vítimas frequentemente alunos que não "perturbam a ordem e o trabalho desenvolvido com os demais alunos", como diz Amanda, é especialmente nociva à constituição da pessoa, pois passa a mensagem não apenas para eles, mas para os demais, de que são mesmo incapazes. As consequências são várias; por um lado, os demais alunos assumem atitudes excludentes, já que estas são legitimadas pela postura do professor e consideradas adequadas, e por outro, reforça nos alunos com deficiência os sentimentos de insegurança e inadequação, base para a constituição de uma imagem fragilizada de si, definida pelo que lhes falta, com ênfase à deficiência.

A exclusão pode tomar ainda uma forma mais sutil quando a pessoa com deficiência é tratada com atenção extrema, reforçando-se a ideia de que necessita de tutoria. Essa forma de tratamento enfatiza a dependência, contribuindo também para o desenvolvimento de insegurança e a constituição de uma imagem frágil de si.

Não raro, alunos expostos a esses dois últimos tipos de exclusão se autoexcluem antes mesmo de essa atitude ser tomada pelo outro. A pessoa que se vê incapaz e é assim avaliada pelos demais acaba ela própria vendo a exclusão como uma atitude natural e necessária.

Inclusão-exclusão constituem um par dialético cuja oposição, alternância e complementariedade são postas em evidência na escola, no processo de inclusão.

Ao coordenador pedagógico cabe, então, lidar com formas de exclusão diferentes, umas mais aparentes, outras mais dissimuladas. É preciso atentar para o fato de que exclusão e inclusão se alternam e, segundo a circunstância e a atitude que assumimos diante dela, predomina uma ou outra.

O "não saber o que fazer" com o aluno com deficiência na classe de ensino regular é um dos fatores que leva o professor a atuar na direção da exclusão impelido pela tensão gerada pela falta de recursos para lidar com a situação.

Para lidar com alunos com deficiência, considerando que estes precisam, algumas vezes, de condições muito específicas para aprender, não basta coragem e disposição, é necessário, além de apoio de pares mais experientes, trabalho paralelo de profissionais especializados. O processo de inclusão do aluno com deficiência no ensino regular deve envolver necessariamente, além do professor da classe regular, o professor especializado, que é o que dispõe da formação adequada para tornar os conteúdos e as atividades de sala de aula acessíveis a esses alunos e para orientar o professor da classe regular sobre como proceder. Há de se considerar que cada tipo de deficiência tem características específicas e dispõe de um corpo de conhecimento e um tipo de atuação para auxiliar o aluno em seu desenvolvimento. Esses conhecimentos não fazem parte do repertório do professor de ensino regular, por isso é essencial que ele estabeleça uma relação de troca com o professor da educação especial. O coordenador pedagógico atua nessa relação como promotor de diálogo, como articulador e incentivador, para que se estabeleça uma relação produtiva de troca e parceria entre os professores do ensino regular e da educação especial.

Se o processo de inclusão exige conhecimento específico e trabalho paralelo de especialistas, há de se reconhecer a legitimidade dos sentimentos de insegurança dos professores do ensino regular que resistem a ela por não se sentirem preparados. É essencial ao professor, para o enfrentamento franco e saudável do processo de inclusão, sentir-se acolhido pelo coordenador pedagógico, seu parceiro na construção de caminhos para a superação de suas dificuldades. Do contrário, desamparado e sentindo-se impotente, acaba julgando a inclusão na escola uma tarefa impossível e opondo-se a ela. Os professores que se sentem desconfortáveis em relação à inclusão, não recebem apoio e não contam com o trabalho paralelo do professor especializado tendem a agrupar-se e oferecer resistência ao desenvolvimento do processo de inclusão na escola. A inclusão acaba sendo vista por todos como uma tarefa hercúlea e inviável.

O acolhimento aos professores pelo coordenador pedagógico, o reconhecimento da legitimidade de seus sentimentos diante da inclusão, a oferta de parceria com profissionais especializados são importantes para que eles, sentindo-se apoiados, se abram para o diálogo autêntico, que é um recurso potente para construção de caminhos para a inclusão de alunos com deficiência na escola de ensino regular. O diálogo, ao possibilitar trocas de experiência e apoio mútuo, fornece subsídios para o planejamento de ações adequadas às circunstâncias concretas vividas nos vários momentos do processo de inclusão na escola pela equipe escolar.

6. Inclusão e as famílias

A relação da escola com as famílias em meio aos processos de inclusão costuma ser bastante complexa. Essa relação foi também abordada por Amanda em seu depoimento:

> É um aspecto complexo. Com as famílias dos demais alunos, há sempre a preocupação de que a inclusão não prejudique o desenvolvimento e a qualidade do trabalho pedagógico dos seus filhos. A instituição deve ter muita atenção para esse aspecto e mostrar (com evidências) sempre que a "inclusão" na turma não está "atrapalhando" e nem nivelando "por baixo".

(...) E o relato dos filhos em casa é um testemunho nem sempre favorável...

Com as famílias dos incluídos, é preciso muita habilidade de conversa, pois eles já estão fragilizados pelo problema. Por mais que assumam, é sempre desconfortável, e às vezes descontam em quem relata fatos que não gostariam de ouvir.

Cabe ao coordenador pedagógico a tarefa de lidar com as repercussões desse processo nas famílias e suas dificuldades para compreender os aspectos envolvidos no processo de inclusão na escola.

Embora conviver com o aluno com deficiência seja muito rico para os demais, uma vez que a convivência com a diversidade oferece a todos oportunidades de aprender a respeitar as diferenças, valorizar as várias potencialidades humanas, não é fácil convencer os pais de que seus filhos terão ganhos nessa convivência.

Por outro lado, lidar com as famílias dos alunos com deficiência exige tato e cuidado. É comum os familiares buscarem protegê-los enfatizando a deficiência e não valorizando o potencial da pessoa completa, intervindo eles próprios diretamente em situações nas quais caberia incentivo, orientação e supervisão. Acontece também de reagirem fortemente quando entendem que há qualquer ameaça proveniente do meio, ou quando julgam que os filhos não estão sendo tratados como pensam que deveriam. Ao agir assim, os pais demonstram sua necessidade de acolhimento para auxiliá-los a transformar o olhar que tem para os filhos e agirem no sentido de favorecer neles o desenvolvimento da autoconfiança e da identidade que integre a deficiência.

Cabe ao coordenador pedagógico mediar os conflitos entre família e escola, e, convicto de que a educação das pessoas com deficiência é papel da escola e de que toda a comunidade escolar pode beneficiar-se da convivência que valoriza e respeita a diversidade, apresentar-se como parceiro dos professores e da comunidade nessa tarefa.

7. E como incluir?

A educação especial na perspectiva da inclusão

Pensando em atender às necessidades dos alunos com deficiência, para que lhes seja possível o acesso aos conteúdos e às atividades, é que se constitui a Educação Especial. Assim, *a educação especial na perspectiva da educação inclusiva* tem como finalidade específica oferecer as condições necessárias aos alunos com deficiência, sendo atividade complementar essencial ao seu processo de inclusão efetiva, participativa, numa classe de ensino regular.

A fim de explicar a função da Educação Especial na perspectiva da educação inclusiva, tomarei por exemplo o trabalho desenvolvido por professores especializados em sala de recursos multifuncionais para alunos com deficiência visual. Para que os alunos cegos ou com baixa visão tenham acesso ao conteúdo do material escrito eles precisam aprender Braille e/ou ter acesso a tecnologias assistivas como lentes de aumento ou programas de computador que fazem leitura dos textos, ter acesso a materiais específicos, mapas táteis, textos ampliados, entre tantos outros recursos disponíveis, aprendendo a utilizá-los. As atividades desenvolvidas com esses materiais e recursos em horário inverso à frequência da sala regular e complementar a ela, por professor especializado, em sala de recursos, promovem a equiparação de oportunidade desses alunos, otimizando o acesso ao conteúdo desenvolvido na classe de ensino regular. O mesmo ocorre com os demais: alunos surdos têm acesso à aprendizagem da LIBRAS (Língua Brasileira de Sinais), os com deficiências físicas têm acesso a recursos como teclados especiais ou órteses, que são dispositivos aplicados ao corpo para modificar aspectos funcionais ou estruturais, possibilitando o exercício autônomo da função, os alunos com deficiência intelectual, que são a grande maioria entre os alunos com deficiência nas escolas brasileiras, têm acesso à adaptação curricular de acordo com seu potencial e o ritmo de aprendizagem.

Dessa forma, a Educação Especial está colocada a serviço da Educação Inclusiva e desempenha função complementar ao ensino ministrado na escola regular. Esta é a política atual do MEC:

Atendimento Educacional Especializado (AEE), desenvolvido em salas de recursos multifuncionais, por professor especializado em período inverso da frequência na sala regular. Essas classes são criadas por demanda das escolas e funcionam geralmente em polos que atendem alunos de diversas escolas da mesma região.

Deve ficar claro que o aluno com deficiência tem direito à educação na escola regular, com aulas dadas pelos professores a todos, e atendimento especializado, que não é responsabilidade do professor de sala de aula, e que tem como objetivo a equiparação de oportunidades desses alunos às dos demais. O atendimento educacional especializado tem então a função de atuar junto a esses alunos oferecendo recursos para que superem as barreiras que o meio lhes apresenta em função de sua deficiência para que tenham acesso a conteúdos e atividades trabalhados nas classes de ensino regular.

O Estado oferece, através de suas diversas instâncias, assistência técnica e financeira com vistas ao desenvolvimento do processo de inclusão nas escolas regulares. Sabendo disso, o coordenador pode e deve procurar a Secretaria Estadual ou Municipal para assisti-lo nessa tarefa. Diversas organizações não governamentais, associações e universidades dispõem também de serviços de apoio à inclusão educacional do aluno com deficiência.

8. Quem são os alunos a serem incluídos?

Dentre as pessoas com deficiência, consideram-se os com deficiência física, deficiência visual, deficiência auditiva, deficiência intelectual, surdo-cegueira e deficiência múltipla. A deficiência múltipla caracteriza-se por prejuízo de função em mais de uma área, e para fins de atendimento educacional encaminha-se a pessoa para a área da deficiência considerada predominante.

As pessoas com Transtorno do Espectro Autista (TEA), terminologia atual definida pelo DSM-V (manual usado pelos médicos para fornecer critérios para elaboração de diagnósticos no campo da saúde mental) que substituiu o termo Transtorno Global de Desenvolvimento (TGD), são aquelas que apresentam alterações qualitativas das interações sociais recíprocas e na comunicação, um repertório de interesses restrito, estereotipado e repetitivo.

As pessoas com altas habilidades ou superdotação apresentam um potencial elevado e grande envolvimento com as áreas do conhecimento humano, isoladas ou combinadas: intelectual, liderança, psicomotora, artes e criatividade. Elas são consideradas, pelo senso comum, superdotadas em todos os aspectos. Esse é um ponto importante a ser discutido com os professores, pois os alunos com altas habilidades podem ser muito hábeis em uma ou mais áreas e apresentar dificuldades ou desempenho regular em outras, e não é raro que apresentem dificuldades de adaptação ao ambiente e ao sistema escolar, necessitando de intervenções específicas visando ao atendimento de suas necessidades.

Com base na diversidade de pessoas que necessitam de atendimento especializado, podemos perceber que a Educação Especial é uma área ampla que exige conhecimentos específicos para o atendimento dos diversos tipos de alunos, uma vez que suas necessidades são muito distintas e exigem intervenções também distintas e específicas. A formação dos profissionais da Educação Especial não pode ser banalizada e tratada de maneira superficial. Na perspectiva de oferecer aos alunos equiparação de oportunidades para inserção na sociedade e no mercado de trabalho, esse profissional deve ter uma visão ampla sobre as necessidades de seus alunos e dos meios para atendê-las, oferecendo, assim, reais condições de aprendizagem e desenvolvimento equiparadas às oferecidas aos demais alunos considerados sem deficiência.

É preciso enfatizar que a Educação Especial tem como principal função oferecer equiparação de oportunidades aos alunos com deficiência, TGD/TEA ou altas habilidades ou superdotação, para que eles possam não apenas frequentar, mas ser efetivamente incluídos nas classes de ensino regular. Com este complemento, a escola mitiga as barreiras enfrentadas por eles em sua inclusão na sala de ensino regular. Ao professor da classe regular cabe fazer o que estiver ao seu alcance para incentivar o aluno, de acordo com suas potencialidades e seus limites, a participar das atividades de classe e, em conjunto com o professor de Educação Especial, buscar tornar conteúdos e atividades acessíveis a todos os alunos de acordo com suas singularidades.

9. Voltando ao ponto de partida: o olhar

> (...) mais do que um ser no mundo, o ser humano se tornou uma presença no mundo, com o mundo e com os outros. Presença que, reconhecendo a outra presença como um "não-eu" se reconhece como "si própria". Presença que se pensa a si mesma, que se sabe presença, que intervém, que transforma, que fala do que faz mas também do que sonha, que constata, compara, avalia, valora, que decide, que rompe. E é no domínio da decisão, da avaliação, da liberdade, da ruptura, da opção que se instaura a necessidade da ética e se impõe a responsabilidade.
>
> (Freire, 2002, 20)

Estas palavras de Paulo Freire nos convidam a assumir nossa presença no mundo como seres que pensam, sonham, avaliam, decidem e agem com amorosidade, baseados na ética, com responsabilidade.

Cultivar em si sentimentos sustentados pelo princípio de igualdade essencial que aproxima os homens e confere a todos o sentido de pertença à humanidade é uma maneira de o coordenador pedagógico, cuja presença no mundo, na escola, implica imensa responsabilidade, ser exemplo do olhar amorosamente inclusivo e porta-voz dos valores éticos essenciais ao processo de inclusão.

Referências bibliográficas

ABBAGNANO, Nicola. *Dicionário de filosofia*. 4ª ed. São Paulo: Martins Fontes, 2000.

ALMEIDA, Laurinda Ramalho. Wallon e a educação. In: MAHONEY, A. A.; ALMEIDA, L. R. *Henri Wallon, psicologia e educação*. São Paulo: Loyola, 2000.

BRASIL. *A Educação Especial na Perspectiva da Inclusão Escolar* — Fascículo 1. Disponível em: http://portal.mec.gov.br/docman/novembro-2010-pdf/7103-fasciculo-1-pdf. Acesso em: 5 abr. 2019.

_____. *Educação Inclusiva*: o que o professor tem a ver com isso. Disponível em: https://livraria.imprensaoficial.com.br/media/ebooks/12.0.813.161.pdf. Acesso em: 5 abr. 2019.

_____. Lei Brasileira de Inclusão da Pessoa com Deficiência (Estatuto da Pessoa com Deficiência), Lei Federal n. 13.146, de 6 de julho de 2015. Disponível em: http://www.planalto.gov.br/ccivil_03/_ato2015-2018/2015/lei/l13146.htm. Acesso em: 5 abr. 2019.

_____. *RESOLUÇÃO n. 4, DE 2 DE OUTUBRO DE 2009*. Institui Diretrizes Operacionais para o Atendimento Educacional Especializado na Educação Básica, modalidade Educação Especial.

DOURADO, Ione C.; PRANDINI, Regina C. A. R. Henri Wallon: psicologia e educação. In: *Augusto Guzzo revista acadêmica/ FICS*. São Paulo, n. 5, 23-31.

FREIRE, Paulo. *Pedagogia da autonomia*. Saberes necessários à prática educativa. São Paulo: Paz e Terra, 1996.

_____. *Pedagogia do oprimido*. São Paulo: Paz e Terra, 2002.

MAHONEY. A; ALMEIDA. L. (Org.). *Henri Wallon, psicologia e educação*. São Paulo: Loyola, 2000.

PRANDINI, Regina C. A. R. *Educação Especial e Inclusão* — Portal Cmais Educação, 2011, Partes 1 a 4. Disponíveis em: http://cmais.com.br/educacao/educacao-especial-e-inclusao; http://cmais.com.br/educacao/educacao-especial-e-inclusao-parte-2; http://cmais.com.br/educacao/educacao-especial-e-inclusao-1; http://cmais.com.br/educacao/educacao-especial-e-inclusao-parte-4. Acesso em: 5 abr. 2019.

_____. A constituição da pessoa: integração funcional. In: MAHONEY, A. A., ALMEIDA, L. R. *A constituição da pessoa na proposta de Henri Wallon*. São Paulo: Loyola. 2004, 25-46.

SÃO PAULO. Cape — educação especial. Disponível em: http://www.educacao.sp.gov.br/educacao-especial. Acesso em: 5 abr. 2019.

_____. *Educação oferece conjunto de ações para atender alunos com deficiência*. Disponível em: http://www.educacao.sp.gov.br/noticias/confira-as-acoes-da-educacao-para-atender-alunos-com-deficiencia. Acesso em: 5 abr. 2019.

WALLON, Henri. *A evolução psicológica da criança*. São Paulo: Martins Fontes, 1964.

____. *As origens do caráter na criança*. São Paulo: Nova Alexandria, 1995.

Convivência democrática na escola: em foco, as rodas de diálogo de professores

Maria Estela B. Zanini[1]
estela@colband.com.br
Laurinda Ramalho de Almeida[2]
laurinda@pucsp.br

> *Temos aprendido a voar como os pássaros e a nadar como os peixes, mas não temos aprendido a sensível arte de viver como irmãos.*
>
> (Martin Luther King)

Este capítulo tem como base a pesquisa realizada para uma dissertação de mestrado cujo objetivo foi descrever e analisar o processo de implantação e desenvolvimento das rodas de diálogo[3] dos professores e gestores do Colégio Bandeirantes, instituição de ensino da rede particular localizada na cidade de São Paulo. Em busca desse objetivo, foi possível identificar os fatores que contribuíram para a implementação dessas rodas e analisar os temas apresentados pelos docentes para discussão nesse espaço.

---

1. Mestra em Educação: Formação de Formadores, pela PUC-SP, e diretora de Convivência do Colégio Bandeirantes, de São Paulo.
2. Professora e vice-coordenadora do Programa de Estudos Pós-Graduados em Educação: Psicologia da Educação e professora do Mestrado Profissional em Educação: Formação de Formadores, ambos da PUC-SP; orientadora da dissertação que deu origem a este capítulo.
3. "Rodas de diálogo", "assembleias" e "círculos de diálogo" serão utilizados como sinônimos neste capítulo.

1. A convivência positiva na escola — educação e valores

O século XX foi palco de uma evolução científica e tecnológica sem precedentes na história da humanidade: o homem conquistou o espaço, desvendou o material genético, compreendeu a estrutura atômica e desenvolveu as inteligências artificiais com o objetivo de ampliar sua expectativa de vida e melhorar as condições de sua existência (Uruñuela, 2016). Porém algo semelhante não pode ser afirmado em relação à convivência e às relações interpessoais. O mundo continua violento, e as manifestações de incivilidades, desrespeito, injustiça e violência são observadas e vivenciadas no cotidiano.

Estudiosos e leigos têm descrito que a humanidade vive uma "crise de valores", percebida em vários espaços sociais, inclusive na escola. "A nomeada 'crise de valores' é, na maior parte das vezes, sentida como ausência, ou falência deles que, em tempos atrás, eram amplamente reconhecidos, como a justiça, o respeito, a cooperação, a honestidade, a honra (Marques et al., 2017, 10). Outra descrição possível é a de que o mundo vive "valores em crise" e, nesse caso, valores antes consagrados passam a ser menos importantes que valores como a fama, o sucesso, a aparência. Em outras palavras, atualmente, os valores sociais parecem mais importantes do que os valores morais. Nesse contexto, a escola passa a ter importante papel para, em parceria com a família, fomentar a educação para valores, pois "promove a convivência diária entre os jovens, impõe uma vida coletiva e normas comuns e passa, de diversas formas, valores considerados importantes para a cultura do lugar onde se vive" (11).

No Brasil, a nova Base Nacional Comum Curricular (BNCC) propõe que "a educação deve afirmar valores e estimular ações que contribuam para a transformação da sociedade, tornando-a mais humana, socialmente justa e, também, voltada para a preservação da natureza" (Brasil, 2017, 8). Um currículo que valoriza a formação integral dos indivíduos deve contemplar espaços para "a formação de cidadãos autônomos que tenham as competências necessárias para lidar eticamente com seus conflitos pessoais e sociais" (Araújo,

2007, 48). Nesse aspecto, os conflitos aparecem como oportunidades de aprendizado sobre respeito, diversidade, empatia e convivência democrática. Trabalhar os conflitos na escola, por meio do diálogo e da cooperação, contribui com o desenvolvimento pessoal dos estudantes, favorecendo o autoconhecimento e a autoconsciência, e também promovendo o aprendizado da "coordenação de perspectivas, ou seja, a capacidade de, simultaneamente, considerar o próprio ponto de vista e o de outras pessoas na interação" (Vinha et al., 2017, 153).

Partindo desse princípio, as autoras pretendem apresentar o trabalho de implementação das rodas de diálogo de professores, desenvolvido no Colégio Bandeirantes, escola da rede particular da cidade de São Paulo, com cerca de 2.500 alunos e 150 professores.

2. As assembleias ou rodas de diálogo

Araújo (2015, 20) defende que os educadores deveriam encarar o desafio de introduzir o trabalho sistematizado com conflitos no cotidiano, compreendendo-os como essenciais na formação psicológica e social dos indivíduos. Assim, entende que o trabalho com assembleias ou rodas de diálogo, na escola, modifica o modo como as relações interpessoais são estabelecidas nesse ambiente.

Na concepção de Araújo (2007, 50), as rodas de diálogo ou assembleias são:

> [...] o momento institucional da palavra e do diálogo. Momento em que o coletivo se reúne para refletir, tomar consciência de si mesmo e transformar o que seus membros considerem oportuno, de forma a melhorar os trabalhos e a convivência.

E se constituem em espaços de apresentação de assuntos relevantes para o grupo, momentos de reflexão sobre os problemas e as dificuldades das atividades escolares e de discussão sobre a vida em sala de aula e as normas de convivência que nortearão as relações na escola. Portanto, essas assembleias "propiciam momentos para o diálogo, a negociação e o encaminhamento de soluções dos conflitos cotidianos" (51). Tognetta e Vinha (2011) complementam que os círculos de diálogo também devem ser utilizados para parabenizar conquistas e valorizar o desenvolvimento do grupo.

Antes de iniciar o trabalho com as assembleias, é importante que a comunidade escolar valorize o processo de reflexão sobre os princípios que norteiam a elaboração das regras e o exercício dialógico como forma de resolver conflitos. A implementação das rodas de diálogo obedece a uma metodologia que consiste em etapas, para as quais se estabelecem, como primeiro passo, a sensibilização da comunidade para a necessidade dos espaços de diálogo. Nesse sentido, é preciso despertar no grupo o desejo de vivenciar momentos nos quais os problemas do cotidiano possam ser colocados de maneira respeitosa e construtiva, a fim de melhorar a convivência entre todos. Para essa sensibilização, algumas questões são sugeridas: Há conflitos entre nós? Quando tratamos deles? Um momento determinado para refletir e dialogar sobre nossos conflitos é necessário? Precisamos de tempo para isso? Há progressos nas nossas relações?

Uma vez sensibilizada a comunidade, inicia-se o processo de implantação das rodas de diálogo.

> Entendidas as necessidades cotidianas de democratização das relações escolares e o papel das assembleias no trabalho educativo, estas podem ser organizadas em três níveis distintos: nas salas de aula, na escola e entre os profissionais que atuam no espaço da escola (Araújo, 2007, 53).

As assembleias de classe envolvem alunos que convivem no espaço de uma sala de aula, tratando de questões do cotidiano de um grupo que, ao longo de um ano letivo, convive quase diariamente. As assembleias de escola envolvem estudantes de diferentes classes e níveis, docentes e funcionários, visando regular e regulamentar a convivência e as relações no espaço coletivo. As assembleias docentes, a serem aprofundadas neste capítulo, têm como objetivo "regular e regulamentar as temáticas relacionadas com o convívio entre docentes e entre estes e a direção, com o projeto político-pedagógico da instituição e com conteúdos que envolvam a vida funcional e administrativa da escola" (Araújo, 2007, 54). Participam o corpo docente e os gestores da escola.

O primeiro passo para a organização de qualquer uma das assembleias descritas anteriormente é a elaboração de um cronograma dos encontros, que seja conhecido por todos os envolvidos. Antes de cada encontro, o grupo participante deverá elaborar uma pauta com propostas de temas para discussão. É muito importante que a pauta seja construída e conhecida por todos os participantes da roda de diálogo, antes que ela aconteça. Para isso, deverá ficar em local visível a todos (Tognetta; Vinha, 2011). Para a elaboração da pauta são necessários alguns cuidados como: garantir o anonimato dos autores de cada tema; assegurar que a linguagem seja respeitosa e descritiva, citando fatos e não pessoas para que ninguém se sinta julgado ou exposto; e zelar para que todos tenham direito a contribuir com críticas, sugestões e até elogios ao grupo.

Nas rodas de diálogo, os participantes são convidados a identificar e a buscar as causas das questões pautadas, expor seus pontos de vista sem particularizar (falar de fatos e não de pessoas), argumentar sem atacar e incorporar argumentos à sua fala pessoal. As assembleias não são deliberativas; não há controle do que será trazido pelo grupo para discussão, e muitas coisas que surgem não são agradáveis ou fáceis de ser resolvidas. As decisões tomadas a partir de assembleias passam a ser compreendidas como necessidade, e não como imposição, sendo responsabilidade de todos. Há um comprometimento com a solução dos problemas, buscando-se alternativas de resolução. Tais decisões, obviamente, não podem ferir o regimento da instituição.

3. As assembleias ou rodas de diálogo docentes

As assembleias docentes são espaços para a resolução de conflitos que acontecem no ambiente escolar. Os professores têm a oportunidade de se manifestar em relação aos assuntos pautados, colocando suas opiniões a respeito e sugerindo encaminhamentos, implicando-se na solução dos problemas. Assim, um dos objetivos das assembleias docentes é buscar transformar o conflito em cooperação, de maneira que a solução do problema passa por um processo de negociação. Almeida (2017) apresenta os passos necessários para que esse processo ocorra: identificação e definição do problema, busca de alternativas de solução, avaliação das alternativas, tomada de decisão, implementação da decisão tomada e avaliação. No caso das rodas de professores, todos esses passos também envolvem o diálogo com a gestão, o que torna o processo mais complexo.

Além de ser um espaço institucional para o diálogo entre docentes e gestão, as rodas de professores também têm caráter formativo, uma vez que os participantes vivenciam momentos de discussão, de ampliação de perspectivas, de desenvolvimento de habilidades sociomorais, devendo apresentar suas colocações de maneira respeitosa em relação aos colegas e à instituição. A tomada da consciência se dá pela reflexão e pela possibilidade de se colocar no lugar do outro. Afinal, faz parte do aprendizado da convivência numa sociedade democrática perceber como positivo o exercício do diálogo.

Na escola, a implantação das rodas de diálogo de professores também possibilita o exercício da alteridade e da cooperação, considerando que "educadores que participam de assembleias nos relatam o quanto, para eles, também é difícil se colocar na perspectiva alheia, alcançar o consenso, buscar o bem da coletividade, enfim, vivenciar a democracia" (Vinha et al., 2017, 180). Nesse contexto, "as assembleias traduzem-se como possibilidades de evolução moral dos sujeitos que delas participam" (Tognetta; Vinha, 2011, 60).

As rodas de diálogo de professores também propiciam um ambiente no qual o educador sente-se ouvido e acolhido em suas dúvidas e angústias.

> Ser ouvido significa ser levado a sério, significa que suas ideias e [seus] sentimentos têm substância para o outro. A resposta do outro, a partir de uma escuta ativa, sensível, valida a autoestima de quem a recebe e promove uma conexão interpessoal que é vital para o bem-estar psicológico (Almeida, 2017, 46).

O estabelecimento de relações interpessoais respeitosas entre professores, gestores e alunos contribui para um clima escolar de melhor qualidade.

4. A pesquisa sobre as rodas de diálogo docentes — os temas analisados

O trabalho de pesquisa sobre a implementação das rodas de diálogo docentes foi realizado por meio de levantamento, estudo e interpretação de documentos — institucionais e de caráter pedagógico — referentes a esse processo, com especial ênfase nas pautas elaboradas para discussão; nas atas de cada uma das rodas, elaboradas por professores participantes; e nos arquivos de apresentação em *PowerPoint* contendo as sínteses desses encontros.

Os documentos utilizados são, portanto, referentes à preparação, ao desenvolvimento e aos encaminhamentos das primeiras rodas de diálogo de professores do Colégio Bandeirantes, ocorridas no ano letivo de 2017 e no primeiro semestre de 2018, totalizando 10 encontros e 25 temas colocados em pauta.

Considerando o grande número de professores que lecionam na escola, a plataforma DemocracyOS[4], desenvolvida para possibilitar discussões virtuais, foi o recurso escolhido para a publicação e a votação dos temas pautados para as rodas de diálogo.

Os temas puderam ser direcionados às relações interpessoais, à convivência na escola, ao cotidiano ou a outros fatores de escolha dos professores. Ao propor um tema para a roda, os professores foram orientados a escrevê-lo de maneira respeitosa, utilizar linguagem descritiva — escrever sobre fatos ou acontecimentos que interferem na vida coletiva, evitar julgamentos e exposições pessoais — e, ainda, elaborar um pequeno parágrafo que apresente justificativas para a escolha do tema proposto com argumentos que esclareçam suas ideias sobre ele.

---

4. DemocracyOS é um projeto desenvolvido por Democracia en *Red*, uma organização sem fins lucrativos, com base em Buenos Aires, Argentina. Trata-se de uma plataforma aberta na qual é possível fazer propostas em um grupo, discuti-las e escolhê-las por meio de votos; também é um espaço online para deliberação e votação de propostas de políticas. Disponível em: http://docs.democracyos.org. Acesso em: 29 set. 2018.

QUADRO 1 — TEMAS PAUTADOS NAS RODAS DE DIÁLOGO DE PROFESSORES (2017/2018)	
ANO LETIVO 2017	
1	Seleções para atividades extracurriculares (dos alunos)
2	Redução de trabalhos em grupos para alunos
3	Avaliação de professores — momento de reflexão
4	Apresentação de uma proposta de holerite mais transparente
5	Roda de diálogo dos professores — elaboração da pauta
6	Organização da sala dos professores
7	Alunos que chegam atrasados em provas bimestrais
8	STEAM e a reestruturação da carga horária
9	Novo modelo de revisões, reforço e plantões
10	Discussão sobre volume de trabalho e remuneração
11	Semana de provas — escala de fiscalização de professores
12	Dia dos professores
13	Uso dos elevadores nas trocas de aula
14	Professores *full-time* (tempo integral)
15	Decisões sobre a sala de aula e sobre o dia a dia dos professores
16	Apoio às mudanças no colégio
17	Professores em redes sociais
18	Desconforto dos professores com as rodas de diálogo dos alunos
19	Respeito professor-aluno e aluno-professor
20	Superiores hierárquicos em rodas de diálogo de professores
21	Compartilhamento de conteúdos e materiais com o colégio X
ANO LETIVO 2018	
22	Professores que demoram para sair da sala de aula
23	Diário de classe em papel
24	Clima tenso na sala dos professores — paralisação das escolas particulares
25	Avaliação e semana de provas 2019

A leitura do Quadro 1 demonstra a grande variedade de temas pautados para as primeiras rodas e sugere que havia uma demanda por esse espaço de diálogo entre docentes. As rodas de diálogo não são espaços deliberativos; os temas são discutidos e, quando necessário, geram propostas de mudanças que precisam ser aprovadas pela direção. "Na assembleia de professores, por exemplo, não se discute o aumento do próprio salário" (Tognetta; Vinha, 2011, 68), mas pode-se conversar sobre a remuneração, questionando se é justa em relação ao volume de trabalho, solicitar esclarecimentos ou fazer sugestões, por meio de encaminhamentos à gestão.

A mediação das rodas consiste em um processo delicado e importante, que pode levar ao sucesso ou ao fracasso da atividade. O papel do mediador é organizar a discussão, garantindo a circulação da palavra e evitando o monopólio da fala por poucos; auxiliar os professores a esclarecer seus pontos de vista e estimular a colocação de pensamentos divergentes e a coordenação de perspectivas; evitar a repetição de ideias, fazer uma síntese descritiva das ideias apresentadas e dar encaminhamentos às propostas apresentadas para a resolução de problemas.

Os encaminhamentos variam de acordo com a complexidade dos temas colocados. Algumas questões precisam ser apenas esclarecidas junto à gestão e, nesses casos, algum representante do grupo assume a tarefa de conversar com o responsável pelo assunto na escola e a devolutiva é esperada no próximo encontro. Porém há temas mais complexos, que exigem a formação de um subgrupo para estudá-los, propor soluções e apresentá-las ao grupo para validação e, posteriormente, encaminhá-las à gestão. Depois da reunião com a gestão sobre as propostas encaminhadas, o subgrupo responsável pelo tema apresenta a devolutiva nas próximas rodas de diálogo.

Além do mediador, é necessário que participantes voluntários auxiliem no registro da ordem das falas, anotando as ideias e os principais argumentos, bem como os encaminhamentos propostos, em uma lousa (ou papel tipo *flip-chart*) visível a todos. As assembleias devem "ser finalizadas pela redação da ata que contém os principais tópicos discutidos e as resoluções da reunião" (Vinha et al., 2017, 177). As atas são escritas por diferentes professores que se voluntariam a cada encontro e são encaminhadas para todos os professores e os gestores, por e-mail.

A análise dos temas pautados nas assembleias docentes foi realizada a partir da leitura da justificativa ou descrição de cada tema, considerando-se três categorias objetivas e complementares, criadas *a posteriori*. É importante destacar que os temas são redigidos (descritos e justificados) a partir do olhar do professor que o propôs. Em alguns casos, fica evidente que a visão do professor é subjetiva e não corresponde aos dados disponíveis sobre o problema; nesses casos, discuti-lo na roda colabora para a ampliação de perspectivas e permite que dados objetivos sejam apresentados, o que contribui para o esvaziamento de possíveis crenças e a redução do clima de fofocas.

Quanto à descrição ou justificativa apresentada na pauta, os temas foram agrupados em quatro critérios: *reivindicações, propostas, esclarecimentos e manifestações*. Na categoria das *reivindicações*, consideramos as solicitações ou as reclamações de direitos que os professores julgam ter; estas, em geral, são apresentadas como uma insatisfação, algo que incomoda o docente; são queixas difusas, de âmbito profissional ou pessoal, que aparecem quando o professor não se sente ouvido, quando é preterido, esquecido ou não atendido em alguma instância, seja na relação com os colegas, com os alunos ou com a instituição. No critério das *propostas* foram reconhecidas as sugestões ou os planos de melhoria, em geral, descritos de maneira assertiva e relacionados com aspectos de ordem prática, colocados em discussão com o objetivo de verificar sua viabilidade no tempo ou no espaço. O desejo de quem propõe algo é melhorar processos, organizar atividades ou espaços de acordo com sua perspectiva. A discussão em grupo possibilita que o professor amplie o olhar sobre sua proposta, reconsiderando sua viabilidade ou não. Classificamos como *esclarecimentos* todos os temas que apontavam para o desejo de saber mais sobre alguma ação, uma mudança ou um acontecimento sem que se configurasse em proposta ou reclamação. Esclarecer relaciona-se, portanto, com a compreensão ou a elucidação de um tema. Finalmente, como *manifestações* foram incluídos todos os temas que continham a exposição de uma ideia ou uma crítica sem proposta, em que os professores procuram, publicamente, manifestar-se sobre algo.

Considerando-se as relações profissionais do professor, os temas foram classificados em *relações administrativas, pedagógicas, com a gestão e com o espaço físico*. No critério *relações administrativas*, classificamos os temas que se referem aos aspectos mais burocráticos da profissão, relacionados à empresa e ao contrato de trabalho do professor. O critério *relações pedagógicas* contemplou os temas que conectam o trabalho docente aos alunos ou aos pares. Já as *relações com a gestão* englobaram os temas que implicam no envolvimento de professores com coordenadores ou diretores. Para concluir, *relações com o espaço físico* é um critério que se esclarece pelo próprio nome.

Quanto às *consequências, após a discussão na roda de diálogo*, os temas foram distribuídos em *temas atendidos, não atendidos, esclarecidos, em processo, retirados de pauta e não discutidos*. Os *temas atendidos* também podem ser caracterizados como encaminhamentos positivos, pois tratam de assuntos pautados que geraram sugestões de mudança em processos que foram implementados. Ao contrário, os *temas não atendidos* são aqueles que, mesmo após discussão e apresentação de propostas à direção, não foram deferidos. Os *temas esclarecidos* tratam de assuntos que geraram conflitos entre pares ou, ainda, entre docentes e gestão, mas que foram discutidos com a finalidade de buscar compreender e elucidar questões sobre essas temáticas. Para os *temas em processo* tem-se os encaminhamentos que ainda não estão finalizados; portanto, ainda não se conhece o resultado concreto da discussão. Por fim, alguns *temas* foram *retirados de pauta* pelos professores que os propuseram por terem sido pouco votados por seus pares, e, quando finalmente seriam discutidos, não faziam mais sentido. Uma última categoria refere-se aos temas que ainda *não foram discutidos* e que se apresentam para discussões nas próximas rodas.

Em resumo, cada tema apresentado foi analisado nas três categorias propostas.

QUADRO 2 — CATEGORIAS E CRITÉRIOS PARA A CLASSIFICAÇÃO DOS TEMAS		
Categorias	Critérios	Quantidade de temas
Relações profissionais	Administrativas	1
	Pedagógicas	14
	Com a gestão	9
	Com o espaço físico	1
Descrição/Justificativa	Reivindicações	9
	Propostas	7
	Esclarecimentos	6
	Manifestações	3
Consequências	Temas atendidos	7
	Temas não atendidos	2
	Temas esclarecidos	5
	Temas em processo	5
	Temas retirados de pauta	3
	Temas não discutidos	3

Apenas a título de exemplo, seguem dois temas pautados, suas respectivas descrições e como foram analisados.

Tema: Dia dos professores

Não seria possível desenhar o calendário anual contemplando esse dia como um dia de descanso para os professores?

Esse tema estava *relacionado à gestão* e foi classificado como *reivindicação* pois expressa certo descontentamento por parte dos professores direcionado à gestão, na forma de solicitação ou pedido. A discussão ocorrida na roda mostrou que havia uma questão oculta sob o tema dia dos professores que estava relacionada à valorização profissional. O dia 15 de outubro, dia dos professores, foi consagrado, por anos consecutivos, feriado na maior parte das escolas. Porém, desde 1996, quando foi promulgada a nova Lei de Diretrizes e Bases (LDB), que regulamenta a educação no Brasil, as escolas de ensino básico passaram a ter de cumprir, pelo menos, 220 dias letivos, divididos em dois semestres. Antes da LDB, eram 180 dias letivos. A fim de adaptar-se à lei, as escolas ampliaram o primeiro semestre e retiraram do calendário feriados exclusivamente escolares, entre eles, o dia do professor. Argumentou-se que o mais relevante não é o feriado e o consequente dia livre, mas a simbologia do ato de reconhecimento do esmero do profissional docente. Ao final do debate, postulou-se que o dia do professor, sendo feriado ou somente uma data simbolicamente comemorada internamente na instituição, seria sinal de distinção e posicionamento de valorização da educação e do educador. A reivindicação *não foi atendida*, como feriado, mas a direção da escola se propôs a ampliar a comemoração do dia dos professores.

Tema: Desconforto dos professores com as rodas de diálogo dos alunos

Durante as reuniões de série do primeiro bimestre, percebi a manifestação de alguns professores acerca de seus incômodos sobre as rodas de diálogo de alunos. Penso ser de extrema importância a discussão deste tema, uma vez que as rodas já são uma realidade dentro do colégio.

Classificado com *esclarecimento* e envolvendo *relações pedagógicas*, o tema foi pautado com base na percepção de uma professora, mediadora de assembleia de alunos, sobre o desconforto de colegas em relação a esse espaço discente, e teve como objetivo proporcionar alguns esclarecimentos sobre o trabalho desenvolvido nas rodas de alunos. Embora a orientação dada seja clara em relação à impessoalidade e ao anonimato na elaboração das pautas e durante as falas na roda, nem sempre os alunos cumprem essa regra. "Um cuidado a ser tomado na elaboração da pauta e durante as discussões é que os temas nunca serão as pessoas, e, sim, os fatos, acontecimentos ou ações que interferem na vida coletiva. Portanto, nas assembleias, evitam-se nomes" (Vinha et al., 2017, 169).

Analisando a ata da reunião em que esse assunto foi debatido, percebe-se uma questão subjacente ao tema pautado: o receio de haver consequências institucionais a professores que sejam citados negativamente nas rodas de alunos. "Quando um assunto ou acontecimento ocorrido na aula de outro professor (que não seja o educador que conduz a assembleia) é colocado em pauta pelos alunos, faz-se necessário que esse fique ciente do que foi discutido" (Tognetta; Vinha, 2011, 77). A partir disso, colocou-se que, se houver problemas específicos com algum docente, a orientação educacional deverá entrar em contato com o professor, de maneira respeitosa, informando-o sobre o que foi discutido entre os alunos e ouvindo a posição do professor. A relação entre professor e orientador deve ser de parceria, com o objetivo de melhorar a convivência na escola.

5. Considerações finais

Para que outras escolas possam inspirar-se nesse estudo, algumas considerações são necessárias. Primeiro, é importante destacar que a implantação das rodas de diálogo de professores só foi possível porque a escola já vinha desenvolvendo um trabalho de convivência positiva que incluía várias ações, intencionais e complementares, relacionadas ao desenvolvimento de valores sociomorais: formação de professores em moralidade e gerenciamento de conflitos, discussão e eleição dos valores institucionais, programa de prevenção ao *bullying* com apoio de pares, rodas de diálogo de alunos, entre outras. Assim, pode-se afirmar que as rodas de professores só tiveram início por haver um "solo fértil" no qual elas pudessem ser desenvolvidas.

Em segundo lugar, é importante que se apresente, nessas considerações, os desafios enfrentados, os fatores que facilitaram o processo de implantação das rodas e os sucessos até o momento experimentados.

Ao considerar que as rodas de diálogo de professores foram implantadas como parte de um plano de convivência[5] organizado no colégio, entende-se que o desenvolvimento desse trabalho é um processo que envolveu múltiplos desafios; entre eles, trazer os professores para participar das assembleias e fazer com que eles valorizassem e legitimassem esse espaço. Assim, as primeiras rodas contavam com a participação majoritária da equipe de orientação educacional e de professores-mediadores de rodas de alunos. Esses educadores tinham a necessidade de legitimar, junto aos colegas, o trabalho que já era desenvolvido por eles próprios, em sala de aula, com os alunos e, além disso, viam na roda de professores uma oportunidade de aprendizado sobre mediação.

A utilização da plataforma digital DemocracyOS para publicação da pauta, a inserção de temas de interesse geral e o envio da ata das rodas a todos os professores (por e-mail) foram ações importantes para estimular a presença e ampliar o número de professores participantes. Ainda assim, há professores que só participam do processo quando os temas propostos são de seu interesse. Outros docentes têm receio da exposição perante colegas, a coordenação e a direção, por isso continuam sem participar; há professores que, simplesmente, não se interessam pelo espaço e jamais estiveram presentes em qualquer assembleia.

Outro desafio a ser considerado é que, diante das demandas da escola, há professores que alegam falta de tempo para participar das rodas de diálogo. Sabe-se que a profissão docente requer do educador um trabalho que vai muito além da sala de aula, e a oportunidade de participar de espaços em que possam ser discutidas questões que lhe dizem respeito, com os pares e a gestão, deveria ser mais valorizada. Em síntese, percebe-se que o desafio continua

---

5. Plano de convivência é uma proposta institucional que visa melhorar a qualidade das relações interpessoais na escola e que deve conter "ações concretas relacionadas à organização e ao funcionamento da instituição com relação às interações sociais e à prevenção da violência, estabelecendo, em linhas gerais, o modelo de convivência que será adotado, os objetivos específicos que se pretende alcançar e as normas que o regularão" (Vinha et al., 2017, 219).

no sentido de buscar a legitimação desse espaço, a confiança dos professores no processo e uma maior adesão às rodas de diálogo.

Por outro lado, também é preciso destacar os fatores que facilitaram o processo, como: o apoio da direção; o incentivo à participação da maioria; as respostas positivas a algumas propostas apresentadas; a possibilidade de discussão democrática de temas que envolvem as relações na escola; e a compreensão, por parte de todos os professores, de que nesse espaço é possível colocar qualquer tema para discussão, desde que de maneira respeitosa.

O apoio da gestão da escola foi fundamental para a implementação e para o sucesso deste trabalho. Contrariando os procedimentos metodológicos das rodas, houve momentos em que temas difíceis foram colocados de maneira desrespeitosa, o que poderia fazer com que a equipe gestora se sentisse ameaçada e optasse pelo encerramento dessa ação. O que se destaca é que a direção sempre compreendeu esse espaço como importante para complementar todas as ações propostas no plano de convivência e optou por manter as rodas, confiando na equipe organizadora. A parceria com a tecnologia também foi outro fator de sucesso, pois ampliou a possibilidade de participação e tornou visível — a todos os professores — os temas pautados.

Entre os temas, a quantidade de propostas e pedidos de esclarecimentos é maior do que a quantidade de reivindicações, o que pode indicar que as assembleias não estão sendo confundidas com balcão de reclamações. De acordo com Tognetta e Vinha (2011, 51), "a pessoa, ao fazer uma reclamação, espera, daquele que a escuta, a entrega de uma solução, mais do que o entendimento do problema". Assim, também se entende que os professores saem de um cenário de queixa, que imobiliza e não contribui para as mudanças, e começam a se perceber responsáveis pela resolução de conflitos e problemas que ocorrem na escola, deixando de apenas apresentar suas insatisfações em relação a esses conflitos e problemas.

O fato de algumas solicitações terem sido atendidas contribuiu para o sucesso das rodas. Por meio do exercício dialógico, no papel de protagonista, o professor passa a ser também responsável pelas decisões que afetam seu dia a dia na escola, sentindo-se valorizado, ouvido e participante da comunidade escolar. Nesse sentido, a roda torna-se, para o professor, um espaço de relação e de aprendizagem da convivência.

Espera-se que as rodas de diálogo docentes contribuam para melhorar a relação entre colegas, com a gestão e entre professores e alunos. Colocar uma opinião de maneira respeitosa, ouvir o outro, refletir a respeito de um tema e ampliar perspectivas são aprendizagens possíveis, independentemente do conteúdo que está sendo discutido. A participação em assembleias dá ao professor a oportunidade de refletir sobre seus valores e posicionar-se de maneira mais autônoma, além de contribuir para o desenvolvimento de habilidades de relacionamento interpessoal e social que, como tantas outras, são aprendidas na convivência. O professor moralmente autônomo, consciente de seus valores, estará mais preparado para contribuir com o desenvolvimento moral de seus alunos.

> [...] com maior clareza de seus valores, o adulto estará mais livre e com mais energias para voltar-se para o outro, para fora de si, em condições de acolher o outro solidariamente e a continuar a se desenvolver com ele. Daí a importância do professor adulto: tem melhores condições para o acolhimento do outro, de seus alunos e de seus pares (Mahoney; Almeida, 2005, 24).

Referências bibliográficas

ALMEIDA, L. R. O coordenador pedagógico e as relações interpessoais no ambiente escolar: entre acertos e desacertos. In: ALMEIDA, L. R.; PLACCO, V. M. N. S. (Org.) *O coordenador pedagógico e a legitimidade de sua atuação*. São Paulo: Loyola, 2017.

ARAÚJO, U. F. A construção social e psicológica dos valores. In: ARAÚJO, U. F.; PUIG, J. M.; ARANTES, V. A. (Org.). *Educação e valores: pontos e contrapontos*. São Paulo: Summus, 2007. 17-64.

_____. Autogestão na sala de aula (recurso eletrônico): as assembleias escolares. São Paulo: Summus, 2015.

BRASIL. *Base Nacional Comum Curricular*. Brasília: SEB/MEC, 2017. Disponível em: http://portal.mec.gov.br/index.php?option=com_docman& view=download &alias=79611-anexo-texto-bncc-aprovado-em-15-

12-17-pdf&category_slug= dezembro-2017-pdf&Itemid=30192. Acesso em: 10 set. 2018.

MAHONEY, A. A.; ALMEIDA, L. R. Afetividade e processo ensino-aprendizagem: contribuições de Henri Wallon. In: *Psicologia da Educação*. São Paulo, 20, 1º sem. de 2005, 11-30.

MARQUES, C. A. E. et al. *Valores socioemocionais*. American: Adonis, 2017. Disponível em: http://basenacionalcomum.mec.gov.br/wp-content/uploads/2018/06/BNCC_EI_EF_110518_versaofinal_site.pdf. Acesso em: abr. 2018.

TOGNETTA, L. R. P.; VINHA, T. P. *Quando a escola é democrática*: um olhar sobre a prática das regras e assembleias na escola. Campinas: Mercado das Letras, 2011.

URUÑUELA, P. M. *Trabajar la convivencia en los centros educativos*. Madri: Narcea, 2016.

VINHA, T. P. et al. (Org.) *Da escola para a vida em sociedade*: o valor da convivência democrática. Americana: Adonis, 2017.

As reuniões de conselho de classe podem ser formativas, coordenador pedagógico?

Patrícia Regina Infanger Campos[1]
patriciainfanger@gmail.com

Ana Maria Falcão de Aragão[2]
anaragao@terra.com.br

Mais do que chamar a atenção do coordenador pedagógico (doravante CP) a respeito de sua atuação nas reuniões de conselho de classe, o objetivo neste capítulo é clamar por um olhar cuidadoso e sensível para a reflexão sobre o lugar que estas reuniões têm ocupado na dinâmica escolar.

Não fosse a reiterada resposta de que as reuniões de conselho de classe assumem lugar destinado aos aspectos burocráticos da avaliação, não haveria a necessidade de fazer tal apelo. O fato que se coloca é que, depois de estudos — ainda recentes — sobre a atuação formativa do CP nas escolas, essas reuniões não são analisadas em seu potencial formativo e organizador do trabalho pedagógico.

Neste texto serão compartilhadas aprendizagens sistematizadas tanto por meio de estudos como pelo desenvolvimento de pesquisa sobre a própria prática no cotidiano escolar na atuação como CP. Aprendizagens que fazem parte da pesquisa de doutorado da primeira autora[3], pela orientação da segunda, com foco voltado para

---

1. Doutora em Educação pela Unicamp. Orientadora pedagógica na Rede Municipal de Ensino de Campinas.
2. Professora titular da Faculdade de Educação da Unicamp.
3. A tese completa está disponível no endereço http://repositorio.unicamp.br/jspui/handle/REPOSIP/333047.

as reuniões de conselho de classe e suas relações com a atuação formativa do CP.

1. Breves recortes sobre as reuniões de conselho de classe

As reuniões de conselho de classe acontecem no final de cada bimestre ou trimestre letivo, cerca de três ou quatro vezes ao longo do ano. Delas, geralmente, participam membros da equipe gestora e professores, pois

> o conselho de classe é um órgão colegiado, presente na organização da escola, em que os vários professores das diversas disciplinas, juntamente com os coordenadores pedagógicos, ou mesmo os supervisores e orientadores educacionais, reúnem-se para refletir e avaliar o desempenho pedagógico dos alunos das diversas turmas, séries ou ciclos (Dalben, 2006, 31).

A investigação realizada durante a pesquisa de doutorado pela leitura e análise de teses, dissertações e artigos sobre a forma como as reuniões de conselho de classe vêm sendo feitas no país aponta para a marcante presença de aspectos burocráticos e meritocráticos em sua configuração nas escolas.

Aspectos que podem contribuir para a compreensão de que os professores aproveitam o ensejo do encontro com o coletivo para compartilhar as más condições de trabalho, sobre as dificuldades da profissão docente, e também pelo fato de que nessas reuniões "as professoras se sentem mais livres para manifestar suas impressões sobre seus alunos e alunas" (Mattos, 2005, 217). Impressões nem sempre constatadas com base em materiais ou instrumentos de avaliação registrados pelos estudantes. Impressões que quase sempre representam uma visão bastante subjetiva do processo de avaliação.

Mattos (2005, 218) constata que

> a utilização de critérios extraescolares na avaliação do aluno e da aluna é uma evidência nos Conselhos de Classe. Reforçadas e validadas pelo coletivo escolar, tais avaliações, baseadas em comentários e opiniões, assumem dimensões maiores e são decisivas

na determinação do futuro dos alunos e das alunas. Elaboramos a hipótese de que tal procedimento tem por objetivo implícito tornar mais fáceis de suportar as péssimas condições materiais e/ou institucionais das escolas que observamos. O apelo a soluções extraescolares permite que as professoras não se sintam culpadas, aliviando a tensão inerente à prática exercida em condições tão drásticas, para as quais não se sentem armadas intelectual e materialmente.

Optar por critérios e soluções extraescolares pode até, como afirma Mattos, aliviar a tensão inerente às condições de trabalho nas escolas, contudo, pode oferecer apenas o alívio imediato, pois, ao término das reuniões de conselho de classe, as condições continuarão as mesmas e as dificuldades dos alunos não terão desaparecido.

Nessa mesma perspectiva, Sirino (2009, 145), que observou algumas reuniões de conselho de classe na escola em que realizou sua pesquisa, afirma que

> o conselho de classe, conforme se pôde notar, torna-se um espaço de oficialização das avaliações formais e informais realizadas cotidianamente na sala de aula e nos outros espaços escolares. Torna-se a instância máxima em que as justificativas para os problemas apresentados pelos alunos são feitas. Nele, os preconceitos e as ideias sobre a incapacidade do aluno para a aprendizagem escolar são repercutidos, produzindo rótulos que acompanharão o aluno durante toda a sua escolaridade, uma vez que, durante as reuniões, constantemente são retomados aspectos da vida escolar pregressa do aluno como meio de justificar a sua situação atual.

Com essa configuração das reuniões de conselho de classe, tanto os professores quanto o próprio CP não se responsabilizam pelos resultados do trabalho pedagógico desenvolvido nem refletem sobre as diferentes possibilidades de atuação com os alunos dentro da escola para que alcancem outros resultados nas aprendizagens e para que haja continuidade do trabalho realizado. Contudo é preciso atentar para o alerta feito por Dalben (2006, 38) ao afirmar que da mesma forma que o Conselho de Classe pode se aproveitar de suas características constitutivas e ser capaz de direcionar um projeto democrático de atuação pedagógica, pode também reificar relações autoritárias, discriminatórias e excludentes.

Mediante esse cenário, cabe ao CP, que é o profissional com atribuições voltadas diretamente para a organização pedagógica dos tempos e espaços escolares, a responsabilidade de questionar a forma como as reuniões de conselho de classe são organizadas nas escolas, analisar o quanto elas, de fato, contribuem para a qualificação do processo de avaliação das aprendizagens dos alunos e o quanto proporcionam elementos para o planejamento de ações pedagógicas futuras, e fazer valer o papel central da escola, que é lidar com as relações entre os processos de ensino e de aprendizagem dos conhecimentos.

Para essa empreitada, no entanto, faz-se necessária a participação da gestão escolar e dos professores, pois o trabalho articulador e formativo do CP se concretiza na ação coletiva, mediante os diálogos, os estudos, as ponderações, as análises e as proposições no cotidiano escolar, que são efetivados pela autoria e corresponsabilização de todos os atores escolares.

É por meio do trabalho coletivo que o CP pode encontrar caminhos para sua atuação formadora na escola. O trabalho do CP se faz juntamente com o trabalho dos professores; ainda que partam de lugares diferentes, professores e CPs precisam trabalhar juntos também porque

> o trabalho de parceria, que se constrói articuladamente entre professores e coordenação, possibilita tomada de decisões capazes de garantir o alcance de metas e a efetividade do processo para alcançá-las. O professor se compromete com seu trabalho, com o aluno, com seu contexto e consigo mesmo (Orsolon, 2003, 25).

O trabalho do CP não existe isoladamente do todo da escola. É por intermédio dos muitos encontros com os professores e a equipe gestora que o trabalho pedagógico pode ser delineado. Portanto, é fundamental que a atuação do CP seja direcionada aos aspectos pedagógicos da escola e a eles, pois a principal função de seu trabalho é

> promover a formação continuada dos professores no interior da escola. A coordenadora pedagógica é convocada a assumir sua tarefa de formadora de professores e a escola passa a constituir-se como cenário para as mudanças necessárias para a educação (Cunha, 2006, 35).

Também Placco, Almeida e Souza (2011, 6-7) confirmam esse posicionamento e ainda acrescentam que

> compete ao coordenador pedagógico: articular o coletivo da escola, considerando as especificidades do contexto e as possibilidades reais de desenvolvimento de seus processos; formar os professores, no aprofundamento em sua área específica e em conhecimentos da área pedagógica, de modo que realize sua prática em consonância com os objetivos da escola e esses conhecimentos; transformar a realidade, por meio de um processo reflexivo que questiona as ações e suas possibilidades de mudança, e do papel/compromisso de cada profissional com a melhoria da educação escolar.

Tais peculiaridades de atuação do CP são imprescindíveis na escola, pois é mediante o desenvolvimento de trabalho formador, articulador e transformador que os tempos e os espaços escolares podem ser reorganizados em função das relações específicas que abarcam os processos de ensino e aprendizagem. Pois, "compete-lhe, então, em seu papel formador, oferecer condições ao professor para que aprofunde sua área específica e trabalhe bem com ela, ou seja, transforme seu conhecimento específico em ensino." (Placco; Almeida; Souza, 2011, 9). Afinal, o papel fundamental da escola é lidar com o ensino e a aprendizagem.

Ao longo de mais de uma década de trabalho como CP em escola de ensino fundamental da rede municipal de Campinas, as reuniões de conselho de classe ocuparam lugar de destaque por vários motivos: eram muitas ao final de cada trimestre; havia pouco tempo para a realização de todas elas; era difícil encontrar tempo comum para a participação dos professores; havia a necessidade de registrar os resultados de todas elas em atas específicas. Mas o motivo que mais preocupava era o fato de que havia muito trabalho para ao final das reuniões haver poucos dados que revelassem efetivamente as aprendizagens dos alunos.

Mais do que desafio, as reuniões de conselho incomodavam tremendamente por não apresentarem eficácia alguma. As reuniões de conselho de classe precisam ser compreendidas como "um espaço prioritário da discussão pedagógica, composto, principalmente, pelos docentes e pela equipe técnico-pedagógica que trabalham com determinadas turmas de mesma faixa etária ou mesma escolaridade" (Dalben, 2006, 33). Seu objetivo é

> mobilizar a avaliação escolar no intuito de desenvolver um maior conhecimento sobre o aluno, a aprendizagem, o ensino e a escola, e, especialmente, de congregar esforços no sentido de alterar o rumo dos acontecimentos, por meio de um projeto pedagógico que visa ao sucesso de todos (Dalben, 2006, 38).

Partindo de estudos e discussões no coletivo com os professores da escola onde foi realizada a pesquisa, o incômodo foi perdendo lugar para os questionamentos, e estes geraram modificações no formato das reuniões de conselho de classe, que, aos poucos, foi ganhando lugar de importância na dinâmica do trabalho pedagógico.

A forma de organizar as reuniões de conselho de classe que aquele coletivo de professores em parceria com o CP conseguiu organizar será apresentada na sequência no texto, mas é importante ressaltar que a intenção dessa partilha não é estabelecer um modelo ideal para essas reuniões.

Por outro lado, a intenção prioritária é provocar o olhar sensível para a forma como cada escola organiza as reuniões de conselho de classe em seus contextos e analisar a qualificação desse espaço e sua importância na dinâmica pedagógica da escola.

Afinal, buscando apoio nos dizeres de Garcia, que no final da década de 1970 já clamava por olhares sensíveis a essas reuniões, "Os conselhos de classe serão o que cada escola fizer deles. Não há receita para a sua instituição." (Garcia, 1977, 140). Não há receita para a organização de um conselho de classe ideal. O que há é a necessidade de clareza dos princípios e concepções do corpo docente e da equipe gestora da qual faz parte o CP, sobre a forma como organiza cada um dos tempos e espaços escolares, dentre eles, a reunião de conselho de classe. São esses princípios e essas concepções do coletivo das escolas que determinarão os rumos do trabalho pedagógico e, por consequente, a construção do projeto pedagógico.

2. As reuniões de conselho de classe formativas

Falar de conselho de classe é falar necessariamente das relações que são estabelecidas com a avaliação, seja ela mais restrita, voltada especificamente para o trabalho pedagógico docente, ou mais ampla, abrangendo toda a organização escolar. A avaliação não se restringe à aferição de notas, conceitos, imagens estanques e descoladas do contexto. O processo de avaliação é uma via de mão dupla. Todas as pessoas envolvidas nele estão avaliando, pois

> o sentido fundamental da ação avaliativa é o movimento, a transformação. [...] O que implica num processo de interação educador e educando, num engajamento pessoal a que nenhum educador pode se furtar sob pena de ver completamente descaracterizada a avaliação num sentido dinâmico. [...] A avaliação é essencial à docência, no seu sentido de constante inquietação, de dúvida. Um professor que não problematiza as situações do cotidiano, que não reflete passo a passo sobre suas ações e [as] manifestações dos alunos, instala sua docência em verdades prontas, adquiridas, pré-fabricadas (Hoffmann, 2005, 90).

Nesta perspectiva, é preciso compreender que a escola é um lugar em que as relações entre ensino e aprendizagem podem ser estabelecidas o tempo todo; lugar em que a avaliação deve ser concebida como um processo contínuo e desencadeador de ações futuras.

Assim sendo, as reuniões de conselho de classe tanto representam um momento específico para estabelecer diálogos e troca de saberes entre os professores sobre resultados de aprendizagens dos alunos e do trabalho pedagógico realizado anteriormente como um momento para planejar ações futuras.

Elas não traduzem um fim em si mesmas, trazendo à tona elementos do término do processo avaliativo, mas ocupam o lugar do "entre", isto é, entre o que foi realizado anteriormente e o que será possível ser realizado posteriormente. São, portanto, um elo dentro do processo pedagógico constituído das relações de ensino e aprendizagem.

Tomando as reuniões de conselho de classe como meio para as ações pedagógicas e não como um fim do processo de avaliação, modifica-se também o seu lugar na dinâmica escolar, pois as discussões efetivadas passam a ser elementos importantes de análise e definições do trabalho pedagógico; assim,

> os conselhos de classe, transformados em lócus privilegiados da formação continuada, propiciavam momentos de discussão, estudo, troca, avaliação, reavaliação e decisão coletiva e garantiam a realimentação constante do processo de ensino-aprendizagem: dos rumos tomados e a tomar e do que fazer. A especialização deixa de ter um fim em si mesma para transformar-se em instrumento de articulação com a totalidade do processo educativo (Rovai, 2005, 94-95).

Na escola em que a pesquisa se realizou, para o segmento que compreendia do 1º ao 5º ano, era destinada uma manhã para a realização da reunião de conselho de classe para cada ano (antiga série). Participavam das reuniões professores polivalentes das turmas em conselho, professor de educação especial, o CP, as professoras especialistas (em arte, educação física e inglês). Sempre que possível, a direção também participava.

Vale mencionar que na semana em que as reuniões aconteciam organizavam-se horários especiais das aulas dos especialistas e também algumas atividades especiais definidas pelos professores das turmas que não iriam participar do conselho naquele dia para garantir que os alunos tivessem aula e também que os professores que lecionavam para alunos em conselho naquele dia pudessem participar da reunião. Essa organização demandava muitas conversas e arranjos internos e somente era viável porque tanto o CP quanto as equipes gestora e docente acreditavam na importância da realização de tais reuniões, por serem momentos privilegiados de trocas entre os professores e gestores que delas faziam parte.

Para as reuniões, os professores levavam:

— instrumentos de avaliação dos alunos organizados coletivamente pelos professores de mesma turma (textos, provas, exercícios etc.);
— a descrição dos saberes apresentados pelos alunos nos instrumentos de avaliação;
— a planilha de sistematização dos encaminhamentos do trimestre incialmente preenchida (pois, durante a reunião, ela podia ser modificada).

No momento da reunião, a descrição dos saberes dos alunos era lida pelo professor da turma. Os demais presentes, em posse dos instrumentos de avaliação, analisavam a veracidade das descrições realizadas pelo professor em comparação com os saberes apresentados pelos alunos nas avaliações. Havendo consenso entre os presentes, as descrições eram mantidas; havendo dissenso, as avaliações e as descrições eram novamente analisadas.

É fundamental destacar que eram analisados os instrumentos de avaliação de todos os alunos de cada turma e não apenas daqueles que apresentam dificuldades de aprendizagem, como comumente acontece nas reuniões de conselho de classe, pois é preciso compreender como todos os alunos estão aprendendo.

O foco principal do trabalho de análise feita pelos participantes da reunião era verificar objetivamente os saberes apresentados pelos alunos e não discutir questões de caráter pessoal ou familiar do aluno, dados muito comuns em uma reunião de conselho de classe não voltada para a análise das relações entre o que é ensinado e o que é aprendido pelos alunos. Nessa perspectiva de trabalho com saberes, não existem critérios definidos previamente. Ao corrigir os instrumentos de avaliação, os professores descreviam os saberes que os alunos apresentavam. Portanto era necessário analisar a escrita dos alunos ou a forma como eles resolviam os exercícios para compreender o que eles sabiam. Somente após essa descrição os alunos eram organizados em grupos por saberes que apresentavam semelhanças. Essa organização em grupos facilitava a definição de atividades específicas voltadas para as necessidades de aprendizagem de cada aluno.

Tratava-se literalmente de um trabalho de análise do instrumento avaliativo a partir do qual os resultados dos saberes dos alunos eram compreendidos como ponto de partida para o planejamento da sequência do trabalho pedagógico, com a elaboração ou seleção de atividades específicas, condizentes com os saberes dos alunos e ao mesmo tempo desafiadoras para cada um deles.

Ao analisar as aprendizagens dos alunos, eram também analisados os resultados do trabalho pedagógico realizado pelos professores, se baseando num processo reflexivo sobre a própria prática e o aspecto formativo, pois,

> quando o coletivo da escola se apropria de seu fazer, da reflexão sobre seu fazer, da consciência da autoria desse fazer, é possível a formação centrada na escola, é possível a organização de um projeto pedagógico voltado para a aprendizagem de todos (Campos, 2014, 206).

Ao final das reuniões, a planilha inicialmente preenchida pelos professores era analisada, e, havendo necessidade, de acordo com as discussões ocorridas, faziam-se alterações.

Na planilha constavam os seguintes itens: nomes dos alunos, espaço para inserir a quantidade de faltas, espaço para inserir as descrições de saberes dos alunos em cada uma das disciplinas: língua portuguesa, matemática, história, geografia, ciências, educação física, arte e inglês (para alunos de 4º e 5º anos), sendo três descrições diferenciadas em cada uma (grupo 1, grupo 2, grupo 3), espaço destinado a atrelar cada aluno a cada grupo de saber de cada disciplina, espaço para encaminhamentos de ações pedagógicas internas e/ou externas à escola.

Essa planilha também era utilizada como registro oficial, ou seja, a ata das reuniões de CC assumia diversas funções na reunião de conselho de classe e na escola:

- apresentar as descrições dos saberes dos alunos em cada um dos componentes curriculares;

- apresentar os grupos de saberes dos quais os alunos faziam parte;
- indicar excesso de faltas;
- indicar a necessidade de reuniões das famílias dos alunos com a gestão, o CP ou a professora de educação especial;
- encaminhar alunos para avaliações externas com profissionais como pediatra, fonoaudióloga, psicóloga, entre outras;
- indicar a participação dos alunos em atividades esportivas/escolares oferecidas pela Prefeitura ou pelos Núcleos Assistenciais das imediações da escola e também pela própria escola em contraturno;
- registrar observações pertinentes ao trabalho pedagógico relacionado aos alunos.

O registro nas planilhas do conselho de classe também evidenciava os momentos reflexivos dos professores em relação ao próprio trabalho e às aprendizagens dos alunos. Não era fácil registrar em poucas palavras o trabalho de um trimestre, mas o mais importante era a análise do trabalho e todas as possibilidades de ação que essa reflexão individual e coletiva promovia na escola.

Essa forma de organizar as reuniões de conselho de classe na escola possibilitava que o estritamente pedagógico assumisse status de destaque e prioridade. Afinal, se escola é lugar para lidar com as relações de ensino e de aprendizagem, é fundamental que existam momentos da organização escolar destinados ao planejamento, à execução, à análise e à nova avaliação do trabalho pedagógico que é desenvolvido.

Analisar os saberes apresentados pelos alunos ao final do trimestre era ter dados reais das aprendizagens e, a partir de então, poder redefinir a continuidade da ação pedagógica, do ensino, de maneira pontual, significativa, processual e contínua.

Para que as reuniões de Conselho de Classe sejam formativas é fundamental que se promova o compromisso dos profissionais participantes. É preciso que o conteúdo discutido nas reuniões seja partilhado com os profissionais da escola. "A parceria educacional se faz necessária porque é nela que a prática se constrói e se reconstrói coletivamente através da reflexão" (Prezotto, 2015, 107).

Vale mencionar que, nas reuniões de conselho de classe, além de os professores se pautarem principalmente pela avaliação do trabalho pedagógico e das relações entre o ensinar e o aprender, também havia momentos para conversar sobre cada um dos alunos e de seus comportamentos; contudo, eram evidenciados aspectos nos quais poderia haver intervenção pedagógica diretamente da escola ou encaminhamentos externos que também contribuíram para os benefícios do trabalho pedagógico.

O papel pedagógico da escola era tido como pano de fundo para esses encaminhamentos, pois não cabe à escola o papel de mudar as condições sociais da família, dentre tantas outras queixas que podem existir em relação às famílias dos alunos, e, como já apontado anteriormente, queixas como essas acabam se sobrepondo às discussões pedagógicas e tomando o lugar das discussões e ações que realmente podem ser realizadas pelos professores.

A tomada de consciência dos professores sobre suas ações e a reflexão, constantes no trabalho, são indicativos dos processos formativos nas reuniões de conselho de classe, que, pela forma como aconteciam, congregavam a intensidade das reflexões sobre o papel fundamental da escola: o de garantir o acesso ao conhecimento pelos alunos e também por professores e especialistas. Eram preciosos momentos de reflexão coletiva, reconhecimento da importância da parceria, reconhecimento da necessidade de continuar aprendendo, enfim, de congregação do fazer pedagógico, do fazer escola e do se fazer pesquisador do próprio trabalho e aprender com ele, pois "as reuniões de conselho de classe expressam as concepções de escola, dando uma visão do todo — objetivos, propostas, as práticas avaliativas adotadas" (Santos, 2006, 24).

Nas reuniões de conselho de classe da escola havia espaço para aspectos fundamentais do processo formativo no cotidiano escolar:

- encontros, disponibilidade de tempo e continuidade das ações;
- pesquisa e aprendizagem com o próprio trabalho;
- trabalho coletivo e parceria;
- corresponsabilização pelas ações e pela autoria do trabalho;

- intencionalidade, clareza das ações, indissociabilidade entre teoria e prática;
- reflexão sobre o trabalho.

Dessa maneira, é essencial à equipe escolar questionar sua ação didático-pedagógica em relação à organização das atividades propostas aos alunos; é também fundamental o questionamento pelo CP ao ajudar o professor a entender que os resultados das aprendizagens dos alunos têm uma relação direta com a qualidade de atividade proposta, que precisa ser desafiadora e ao mesmo tempo possível de ser realizada pelo aluno, pois "compete-lhe, então, em seu papel formador, oferecer condições ao professor para que aprofunde sua área específica e trabalhe bem com ela, ou seja, transforme seu conhecimento específico em ensino." (Placco; Almeida; Souza, 2011, 9).

3. A reunião de conselho de classe como organizadora do trabalho pedagógico da escola

Ao considerar as reuniões de conselho de classe como um papel organizador do trabalho pedagógico da escola, é preciso dizer que existem os momentos de realização propriamente ditos das reuniões e ações que acontecem antes e após sua ocorrência.

4. Ações que antecedem as reuniões de conselho de classe

Geralmente, no último mês de cada trimestre letivo, era destinado o tempo da reunião de TDC[4] para que os professores pudessem conversar sobre o trabalho realizado e pensar na organização de um instrumento comum de avaliação. Muito embora acontecessem outros momentos semanais de encontro entre os professores para a organização desse trabalho, era nesse TDC que havia a participação do CP nas discussões do trabalho pedagógico de cada sala de

---

4. Trabalho docente coletivo. Reunião pedagógica semanal dos professores organizada pelo CP.

aula. Devido às muitas tarefas cotidianas, nem sempre era possível confirmar a participação do CP nas reuniões semanais entre os professores; então, destinar o TDC para essa finalidade era forma de garantir a parceria entre professores e CP.

Também, geralmente, uma ou duas semanas antes da reunião de conselho de classe era destinado um TDC para a organização das descrições de saberes dos alunos ao final do trimestre, com base nos resultados do(s) instrumento(s) de avaliação em comum. Professores de mesmo ano trabalhavam em parceria e o CP acompanhava as discussões entre os diferentes grupos.

Nesses momentos de trabalho coletivo entre os professores de mesmo ano aconteciam discussões voltadas para:

- avaliação inicial dos saberes dos alunos para organização do plano anual de trabalho;
- descrição em conjunto dos saberes dos alunos ao final de cada um dos três trimestres letivos;
- proposição de atividades direcionadas diretamente às especificidades de aprendizagem de cada aluno/grupo de alunos;
- discussão sobre a organização de diferentes agrupamentos de alunos dentro de cada sala e entre as outras salas de mesmo ano visando ao atendimento das especificidades de aprendizagens;
- avaliação das atividades propostas de acordo com os objetivos de trabalho e as aprendizagens dos alunos;
- organização dos projetos de trabalho;
- organização de instrumentos comuns de avaliação a serem desenvolvidos com todas as turmas de mesmo ano;
- correção dos instrumentos comuns de avaliação;
- organização da descrição comum de grupos de saberes dos alunos de ano por meio da correção dos instrumentos comuns de avaliação;
- planejamento e avaliação do trabalho pedagógico desenvolvido em cada turma e entre as turmas;
- replanejamento constante do trabalho pedagógico.

Todas essas ações possibilitavam que a atuação dos professores fosse coletiva, parceira, analítica e propositiva, e voltada diretamente para a concretização do papel pedagógico da escola.

Na época do trimestre, era encaminhada, por meio eletrônico, a planilha de dados para a reunião de conselho de classe. Esta era preenchida individualmente pelos professores com dados específicos a respeito de suas turmas. Apenas as descrições dos saberes dos alunos eram comuns entre turmas de mesmo ano. Demais informações eram específicas de cada turma, por exemplo, número de faltas dos alunos, números de aulas dadas e até alguma característica específica de determinado aluno.

Ao final do trimestre, os professores de mesmo ano também se reuniam para organizar instrumentos comuns de avaliação, corrigir as avaliações, analisar e sistematizar as descrições de saberes. Cada professor preenchia a planilha de sua turma individualmente. Os professores especialistas enviavam as descrições de saberes e os grupos dos alunos para os professores polivalentes inserirem na planilha.

5. Ações que acontecem após as reuniões de conselho de classe

No TDC (Trabalho docente Coletivo) que acontecia logo após o término de todas as reuniões de conselho de classe de cada um dos trimestres, os professores apresentavam a todo o grupo de professores de 1º a 5º anos os resultados das discussões que aconteceram em cada uma das reuniões de conselho. Com essa organização, todos os professores tomavam conhecimento do trabalho pedagógico que era realizado no trimestre e também sobre os saberes apresentados pelos alunos de cada uma das turmas da escola. Também nesse TDC era pensada a organização da reunião de pais.

Nos TDCs que se seguiam (um ou dois), os professores trabalhavam em grupos, por ano, no replanejamento do trabalho pedagógico para o trimestre seguinte. Eles partiam dos saberes apresentados pelos alunos e os relacionavam com os objetivos de trabalho para a continuidade da ação pedagógica.

Na continuidade das reuniões que aconteciam ao longo da semana, os professores passavam a planejar o trabalho a ser realizado na sequência, pesquisando em livros, em *sites*, temas que colaborassem com o avanço do trabalho didático em sala de aula, e até atividades que fossem voltadas especificamente para as necessidades de aprendizagem de cada aluno/grupo de alunos.

Pelo favorecimento desse trabalho coletivo contínuo na escola e pela análise frequente da ação pedagógica, era possível tornar o cotidiano escolar formativo.

6. Considerações finais

Partindo da dinâmica instituída nas reuniões de conselho de classe na escola e de todas as outras ações que decorriam de seus encaminhamentos, é possível afirmar que os professores realizavam movimentos de pesquisa sobre o próprio trabalho e também aprendiam com ele, denotando um trabalho contínuo de formação no espaço escolar, ao considerar que

> o trabalho de formação procura induzir situações em que os indivíduos se reconheçam nos seus saberes e sejam capazes de incorporar no seu patrimônio experiencial os próprios saberes produzidos pelas experiências de formação (Correia, 1997, 37).

Os professores não somente se reconheciam em seus saberes como os tomavam como novos pontos de partida para o desenvolvimento de seu trabalho, incorporando-os em seu processo formativo e profissional. Prezotto (2015, 51) afirma que

> o professor-pesquisador precisa estar disponível para procurar respostas a suas inquietações. É preciso que tenha formação para que possa ir se constituindo como professor-pesquisador que no decorrer do percurso formule perguntas, selecione quais caminhos quer trilhar (métodos) e o que analisará; e que esteja inserido em um ambiente que proporcione a constituição de grupos de estudo com acesso a diferentes materiais de pesquisa.

A dinâmica escolar desencadeada pelas reuniões de conselho de classe possibilitava a pesquisa sobre o próprio trabalho, tornando os professores pesquisadores e em processo contínuo de formação.

A parceria do trabalho agrega a importância do respeito ao outro, da partilha de diferentes saberes, promove negociações de sentidos e amplia o processo reflexivo coletivo. Características estas fundantes da formação no espaço escolar.

O CP é importante articulador do trabalho pedagógico que acontece na escola, e é no cotidiano da escola, por meio do trabalho nela desenvolvido diariamente, com a clareza da finalidade pedagógica, que o CP pode encontrar sentido em seu trabalho, pois

> a atuação da coordenadora pedagógica voltada para a formação docente no cotidiano escolar é a característica que pode auxiliá-la a demarcar seu espaço na escola. Cabe a ela a necessidade de compreensão da importância do caráter formativo de sua função e atuação (Campos; Aragão, 2016, 182).

É por meio do trabalho coletivo que o CP pode encontrar caminhos para sua atuação formadora na escola.

A avaliação está presente em todos os momentos da ação educativa, faz parte das escolhas e tomadas de decisões realizadas diariamente. É preciso ter clareza disso. O CP precisa estar atento a esta questão. É preciso que haja tempo dentro da escola para a discussão do estritamente pedagógico. É preciso que haja tempo nas reuniões de conselho de classe para analisar as atividades de todos os alunos e levantar questões sobre elas.

É preciso priorizar o trabalho pedagógico da escola e as relações entre os processos de ensino e aprendizagem. Se a reunião de conselho de classe é o momento instituído da organização escolar para discutir a avaliação que se faz das aprendizagens dos alunos, há de se qualificar esse tempo.

Questionar é parte inerente aos processos de avaliação e de reflexão. Avaliamos quando refletimos e, de igual modo, refletimos quando avaliamos. É importante que o CP se envolva nas discussões sobre o processo de avaliação das aprendizagens que acontece na escola. É do CP a responsabilidade de instigar os professores a refletir sobre os resultados de seu trabalho. É também dele o compromisso de promover a formação na escola por meio da reflexão sobre o trabalho e o planejamento da continuidade das ações pedagógicas.

É fundamental que a avaliação seja encarada como indissociável de todo o processo do trabalho pedagógico que se realiza na escola, não apenas dos momentos finais de cada bimestre ou trimestre. Tomar a avaliação como inerente à ação pedagógica é também tomar a reunião de conselho de classe como momento imprescindível da dinâmica escolar. Não basta avaliar e realizar as reuniões de conselho de classe, é necessário que a avaliação aconteça de maneira sistemática, contínua e esteja voltada para as relações entre ensino e aprendizagem necessariamente.

Também é imprescindível que as reuniões de conselho de classe assumam lugar de prioridade na organização dos tempos e espaços escolares. A existência das reuniões de conselho de classe no cronograma de atividades escolares não garante sua qualificação. São os profissionais das escolas que darão a elas a prioridade que considerarem viável.

É importante pensar também em qual é a responsabilização dos CPs nessas reuniões. Seria o papel de anotar dados, notas, conceitos? O CP não é escriturário e nem tem o papel de ficar anotando as atas das reuniões de conselho de classe. Seu papel é muito mais importante que esse. Ele precisa articular todo trabalho pedagógico que se realiza na escola, e é nas reuniões de conselho de classe que se unem os professores para falar especificamente dos resultados desse trabalho em determinado tempo.

Também não se trata de culpabilizar os professores pelas posturas ou frases proferidas durante as reuniões de conselho de classe, pois o trabalho do CP se concretiza pela parceria com os professores, e não pelo julgamento de seu trabalho.

O CP e os professores precisam igualmente se responsabilizar pelas reuniões de conselho de classe. E isso somente acontece quando existe tempo para discutir a proposta pedagógica da escola, tempo para construir um trabalho em comum, dialogado, refletido, compartilhado.

A reunião de conselho de classe terá a organização que as pessoas que fazem parte da escola darem a ela, porque "um novo conselho de classe só é passível de ser efetivado quando os sujeitos que o integram apoderam-se, conscientemente, dele, colocando-o a serviço de seus propósitos, articulando-o com um projeto político pedagógico comum" (Dalben, 2006, 59).

Por isso, é fundamental compreender não somente o lugar que a avaliação ocupa na escola, como também a centralidade das reuniões de conselho de classe, que é proporcionar discussões sobre as relações entre ensino e aprendizagem desenvolvidas pelos professores em encontro com os alunos.

Que este texto tenha atingido o propósito de, ao partilhar conhecimentos sistematizados em relação à forma como as reuniões de conselho de classe passaram a ocupar lugar de prioridade na organização dos tempos e espaços escolares em uma escola específica, sensibilizar professores, equipe gestora e principalmente o CP, importante articulador do projeto pedagógico da escola, a fim de que se olhe mais profundamente para o lugar que as reuniões têm ocupado nas escolas país afora.

Referências bibliográficas

CAMPOS, Patrícia Regina Infanger. *Ensinar e aprender*: coordenação pedagógica e formação docente. São Paulo: Loyola, 2014.

CAMPOS, Patrícia Regina Infanger; ARAGÃO, Ana Maria Falcão de. A coordenadora pedagógica e a formação docente: possíveis estratégias de atuação. *Revista de Educação PUC-Campinas*, Campinas, v. 21, n. 2, 179-191, maio-ago., 2016. ISSN 2318-0870. Disponível em: http://periodicos.puc-campinas.edu.br/seer/index.php/reveducacao/article/view/3756. Acesso em: 13 mar. 2019.

CORREIA, José Alberto. Formação e trabalho: contributos para uma transformação dos modos de os pensar na sua articulação. In: CANÁRIO, Rui (Org.). *Formação e situações de trabalho*. Portugal: Porto, 1997, 13-41.

CUNHA, Renata Cristina Oliveira Barrichelo. *Pelas telas, pelas janelas*: a coordenação pedagógica e a formação de professores nas escolas. Campinas: [s.n.], 2006. Tese (doutorado) — Universidade Estadual de Campinas, Faculdade de Educação. Disponível em: http://repositorio.unicamp.br/jspui/handle/REPOSIP/252907. Acesso em: 13 mar. 2019.

DALBEN, Ângela Imaculada Loureiro de Freitas. *Conselhos de Classe e avaliação*: perspectivas na gestão pedagógica da escola. 3ª ed. Campinas: Papirus, 2006.

GARCIA, Edilia Coelho Conselhos de Classe. In: GARCIA Edilia Coelho et al. (Orgs.). *Os novos caminhos da aprendizagem*: currículo, avaliação, testes e medidas, recuperação, conselho de classe. Rio de Janeiro: Bloch Educação, 1977, 139-159.

HOFFMANN, Jussara. *Avaliação*: mito e desafio: uma perspectiva construtivista. 35ª ed. Porto Alegre: Mediação, 2005.

MATTOS, Carmem Lúcia Guimarães de. O conselho de classe e o fracasso escolar. *Educação e Pesquisa*, São Paulo, v. 31, n. 2, 215-228, maio-ago. 2005. Disponível em: http://www.scielo.br/pdf/ep/v31n2/a05v31n2.pdf. Acesso em: 13 mar. 2019.

ORSOLON, Luzia Angelina Marino. O coordenador/formador como um dos agentes de transformação da/na escola. In: ALMEIDA, Laurinda Ramalho de; PLACCO, Vera Maria Nigro de Souza. *O coordenador pedagógico e o espaço da mudança*. 3ª ed. São Paulo: Loyola, 2003.

PLACCO, Vera Maria Nigro de Souza; ALMEIDA, Laurinda Ramalho; SOUZA, Vera Lúcia Trevisan de (Org.). *O Coordenador pedagógico e a formação de professores*: intenções, tensões e contradições. Relatório de pesquisa desenvolvida pela Fundação Carlos Chagas por encomenda da Fundação Victor Civita. São Paulo: FVC, 2011.

PREZOTTO, Marissol. *O trabalho docente com.par.t(r)ilhado*: focalizando a parceria. Tese. Faculdade de Educação. Universidade Estadual de Campinas, 2015. Disponível em: http://repositorio.unicamp.br/jspui/handle/REPO-SIP/254048. Acesso em: 13 mar. 2019.

ROVAI, Esméria (Org.) *Ensino vocacional*: uma pedagogia atual. São Paulo: Cortez, 2005.

SANTOS, Flávia Regina Vieira dos. *Conselho de Classe*: a construção de um espaço de avaliação coletiva. 2006. Dissertação (Mestrado em Educação) — Faculdade de Educação, Universidade de Brasília, 2006. Disponível em: http://repositorio.unb.br/handle/10482/1289. Acesso em: 13 mar. 2019.

SIRINO, Maria de Fátima. *Processos de exclusão intraescolar*: os alunos que passam sem saber. Tese (Doutorado em Educação) — Universidade Estadual de Campinas, Faculdade de Educação, 2009. Disponível em: http://www.bibliotecadigital.unicamp.br/document/?code=000476393&opt=4. Acesso em: 13 mar. 2019.

Entre os corredores pedagógicos

Edilene Aveledo[1]
aveledo22@gmail.com
Vera Maria Nigro de Souza Placco[2]
veraplacco@pucsp.br
veraplacco7@gmail.com

O presente artigo é fruto do trabalho final do mestrado profissional em Formação de Formadores (PUC/SP), defendido em setembro de 2018, que teve como objetivo investigar como ocorrem as Reuniões Pedagógicas Semanais (RPS) em uma creche localizada em um município do ABC da Grande São Paulo, uma vez que os professores reclamavam que as referidas reuniões não supriam suas necessidades de formação. Analisamos em quais aspectos a RPS atendia às necessidades formativas dos professores e em quais não as contemplava, com a finalidade de ressignificar o objetivo-fim da RPS como espaço formativo: os momentos de estudo, troca, avaliação e decisão coletiva que garantam o processo de ensino-aprendizagem colaborativo tanto dos professores como das crianças, com base nas diretrizes educacionais da rede de ensino do referido município. Como hipótese, ponderou-se que o coordenador pedagógico (CP)

---

1. Pedagoga, professora de educação infantil e fundamental da rede de ensino de Santo André desde 1995, mestra em Educação: Formação de Formadores pela Pontifícia Universidade Católica de São Paulo (PUC-SP).
2. Professora doutora do Programa de Estudos Pós-Graduados em Educação: Formação de Formadores (Mestrado Profissional) e do Programa de Estudos Pós-Graduados em Educação: Psicologia em Educação, ambos da PUC-SP, e orientadora da Dissertação de Mestrado de que esse artigo se origina. Coordena o grupo de pesquisa Contexto Escolar, Processos Identitários, na Formação de Professores e Alunos da Educação Básica (CEPID).

planejava a RPS com o objetivo-fim desse espaço — a formação continuada dos professores —, porém sua metodologia se limitava à leitura que ele fazia das necessidades dos professores sem considerar a escuta desses profissionais, a história, a cultura e a identidade da escola.

Durante o processo de análise dos dados, evidenciou-se que a necessidade formativa maior dos professores era refletir a prática desenvolvida em sala de aula, embora emergissem contradições no que se referia à percepção de os professores sentirem-se — ou não — contemplados em suas necessidades. No decorrer da análise, explicitou-se ser imprescindível investir nas relações interpessoais e coletivas como forma de diminuir a incidência de assuntos discutidos pelos professores em espaços informais, denominados, na pesquisa, "corredores pedagógicos".

No final deste artigo, destaca-se, como prioridade, a consolidação do papel do CP.

1. Por entre os "corredores pedagógicos"?

Este é o nome dado a uma das categorias organizadas durante o processo de análise, evidenciando os movimentos percebidos por Aveledo (2018) e as aparentes contradições observadas por ela, durante o processo de pesquisa, nas falas da CP e as respostas dos professores.

É importante conceituar os "corredores pedagógicos" e mostrar o que levou à organização dessa categoria, a partir da interpretação da pesquisadora:

> Os "corredores pedagógicos" representam os espaços informais, nos quais, em comunicação livre, e na ausência da CP, surgem temas e assuntos sobre a prática pedagógica, que não foram discutidos no coletivo da RPS (Aveledo, 2018, 81).

Na entrevista, a CP relatou que planejava a RPS, de três horas contínuas, em dois momentos distintos, sendo o primeiro momento para planejamento entre os ciclos, com o objetivo de troca entre os professores para atender às especificidades do trabalho desenvolvido com as crianças de período integral, e o outro momento com o coletivo de professores.

No momento da reunião de planejamento, os professores se organizavam em diferentes espaços físicos; não havia a junção de profissionais de diferentes períodos; a maioria se reunia com outro professor do mesmo ciclo e período em que atua, ou seja, o objetivo para esse momento acabava sendo ignorado. Outra organização comum observada era o agrupamento por períodos. A CP não participava da reunião de planejamento, e, dessa maneira, "corredores pedagógicos" aconteciam durante esse período. Conforme observado nas reuniões pedagógicas semanais, as conversas entre os professores acabavam por gerar posicionamentos divergentes, que não haviam sido discutidos anteriormente, mas que revelavam algumas necessidades formativas do grupo, nem sempre do conhecimento da CP.

Na análise dos dados da categoria "Por entre os corredores pedagógicos", foram apresentados três episódios, observados pela pesquisadora, que mostraram uma rotina de dificuldades e polêmicas, referentes, com frequência, às relações interpessoais vivenciadas pelo grupo. Os episódios exemplificaram situações formativas que ocorreram fora do contexto da RPS, nos momentos em que a CP não estava por perto, para realizar intervenções ou ter ciência das reais necessidades formativas dos professores. Ficaram claros os prós e os contras da RPS quanto ao seu objetivo-fim — a formação continuada; a gestão das pautas elaboradas para as reuniões; as necessidades formativas do grupo; os assuntos que nem sempre foram abordados e tampouco explicitados no espaço destinado ao coletivo, mas discutidos nos "corredores pedagógicos", durante as observações realizadas pela pesquisadora.

Tais aspectos nos fazem levantar algumas hipóteses que podem auxiliar a compreensão de alguns desses prós e contras: a necessidade da presença da CP, em tempo integral, durante a parte de planejamento da RPS; investir nas relações interpessoais entre os professores dos diferentes períodos, principalmente no que se refere à articulação das informações; o cuidado, por parte da CP, em garantir a participação e a igual valorização da fala de todos os professores, evitando o silêncio e o isolamento; o respeito à história, à diversidade e ao momento profissional de cada professor, considerando a individualidade de cada sujeito que vivencia o processo formativo numa lógica de coletividade.

Os três episódios apresentados a seguir explicitam essas características e outras que devem ser cuidadas pela coordenação pedagógica para garantir a RPS como espaço formativo e legitimador dos assuntos discutidos nos "corredores pedagógicos", espaço esse pautado em princípios éticos, críticos, de respeito à diversidade de ideias e coletividade, tendo em vista o desenvolvimento integral da criança.

O episódio 1, denominado "Divergências e conflitos entre os professores nos momentos livres de planejamento", explicita uma situação observada em uma das reuniões:

> A equipe gestora se retira, e a discussão continua a todo vapor no "corredor pedagógico". As professoras pontuam que, quando a gestão optou por montar salas mistas com 20 alunos, em período integral, e 6 alunos em semi-integral, não considerou o espaço físico das salas e o lugar que os colchões ocupam na hora do sono. Tal organização dificulta o processo de acolhida e de saída das crianças do semi-integral, o qual ocorre simultaneamente, a partir das 12 horas, pois limita a organização de espaços diferenciados para recepcionar as crianças do semi da tarde. [...]
> As professoras sinalizam que as crianças do 1º Ciclo Final demoram para acordar, o que atrapalha toda a rotina da tarde. As professoras do período da manhã, ao ouvirem todos esses aspectos, questionam se irão alterar os horários das turmas da manhã sem consultá-las, resultando num desentendimento, pois os dois períodos se sentem prejudicados com esse módulo de alunos por sala (registro de observação da pesquisadora (Aveledo, 2018, 82).

Como já exposto anteriormente, pressupomos que todos os assuntos expostos na reunião de planejamento deveriam igualmente ser submetidos aos momentos coletivos, pois desentendimentos e conflitos devem ser revelados e encaminhados.

Entendemos que o CP tem como responsabilidade realizar a mediação dos desentendimentos e conflitos, provocando no grupo reflexões diante dos vários pontos de vista, o que resultará em novas aprendizagens, conforme Torres (2003, 45):

> [...] as reuniões pedagógicas vêm sendo apontadas como espaço privilegiado nas ações partilhadas do coordenador pedagógico com os professores, nas quais ambos se debruçam sobre as questões que emergem da prática, refletindo sobre elas, buscando-lhes novas respostas e novos saberes, ao mesmo tempo.

Com o distanciamento da CP, nesses momentos, torna-se impraticável qualquer tipo de intervenção, o que nos leva a interpelar se realmente existe um ambiente de generosidade, de respeito e de escuta às verdadeiras discussões; se as pessoas podem falar sobre o que as incomoda.

Outro aspecto evidenciado nesse episódio é a imaturidade do grupo, que, "em sua forma de funcionamento, coloca barreiras visíveis e invisíveis à atuação da CP" (Aveledo, 2018, 80).

A inexperiência da CP na função, conforme relatado por ela mesma, durante a entrevista, justifica sua dificuldade na articulação das reuniões[3].

Silva, Rabello e Almeida (2016, 103) reconhecem o "jogo coletivo" como um espaço significativo para o desenvolvimento das relações pedagógicas e das ações formativas motivadas pelos CPs. Ao pensar acerca das "panelinhas" (104), as autoras expressam a relevância de compreender a cultura organizacional da escola:

> [...] em que medida ela afeta as pessoas e o ambiente; saber que o jogo coletivo é constituído por essa cultura e é constituinte das relações interpessoais é o primeiro passo em direção a um clima de incentivo para que as pessoas da escola se envolvam como equipe (Silva; Rabello; Almeida, 2016, 114).

---

3. Segundo dados colhidos da entrevista, a CP iniciou na função em 2017, sendo esta sua primeira experiência na gestão.

Um aprendizado significativo para os professores e o CP é compreender que a RPS corresponde ao espaço dedicado para reflexão, o que implica que os problemas e as inquietações devem ser discutidos de modo coerente nesse fórum.

Os demais episódios descritos na dissertação (*Episódio 2 — Hora livre do planejamento — e Episódio 3 — Portões abertos*) revelam a deturpação do objetivo-fim da RPS — qual seja, a formação continuada, coletiva e centrada na escola. Na realidade, ocorre a falta de comunicação, de escuta e confiança mútua entre toda a equipe da creche; a desarticulação das necessidades formativas das demandas da Secretaria de Educação, a não clareza do papel da CP e outros aspectos que destacaremos adiante, os quais favorecem ainda mais a existência dos "corredores pedagógicos", ao contrário de neutralizá-los e legitimar o momento da reunião pedagógica.

A hora livre para o planejamento, durante a RPS, por ser, no entendimento da equipe gestora, um espaço livre de trabalho do professor, justificaria naturalmente a ausência da CP, uma vez que o intuito desse momento seria alinhar as informações entre os períodos, principalmente quanto à turma de período integral. O que de fato acontece é o planejamento de modo individual e/ou coletivo, com os colegas de ciclo do mesmo período. E, quando os períodos da manhã e da tarde se reúnem, os professores restringem-se a trocas de informações e opiniões sobre o comportamento das crianças. O principal, que seria repensar os conteúdos e as estratégias, ainda está distante de acontecer.

Vale ressaltar que a jornada do professor de creche assegura momentos para a organização de planejamento livre, denominados Organização dos Trabalhos (OT), que acontecem três vezes na semana, com a duração de uma hora cada encontro, inseridos no período de trabalho.

Desse modo, é válida a presença da CP durante o momento de planejamento, que acontece na RPS, para garantir o engajamento entre os períodos, a comunicação, evitar conflitos, para mediar possíveis desentendimentos relacionais entre os grupos, para assegurar o planejamento das atividades, com o intuito de ampliar os conteúdos e as estratégias, de modo a tornar mais interessante a rotina do período integral e identificar as necessidades formativas dos professores.

Todavia, aparentava-nos que a CP não percebia ser essa uma boa oportunidade para coleta de informações e para a reflexão sobre o que estava sendo proposto, um tempo de fato formativo, no qual ela poderia realizar intervenções fundamentais sobre o currículo e a realidade escolar.

Entendemos o CP como elemento essencial para o desenvolvimento da formação permanente, no espaço da RPS. Conforme menciona Souza (2012, 34):

> Quando um grupo de professores se reúne para discutir sua prática, para estudar, várias pessoas se posicionam, relacionando-se entre si, o que implica a expressão de pontos de vista diversos. Essa expressão precisa ser garantida pelo(a) coordenador(a) pedagógico(a), visando à igualdade de participação. Isso significa "controlar" os mais falantes, "dar voz" aos silenciosos, viabilizar a crítica construtiva, sempre tendo como objeto uma tarefa.

Ao assumir tal postura, o CP colaboraria para que as discussões ocorressem no fórum adequado — a RPS —, possibilitando que, aos poucos, os "corredores pedagógicos" desaparecessem e os verdadeiros embates sobre as práticas desenvolvidas, nos quais afloram as inquietudes e as discordâncias do grupo, fossem remetidos ao fórum correto.

Desse modo, os professores se desenvolveriam profissionalmente e, consequentemente, se tornariam um grupo, e não um "amontoado" de pessoas; amadureceriam e aprenderiam a lidar com a diversidade de ideias, "num movimento dialético constante" (Souza, 2012, 35).

Outro ponto relevante é que, se o CP acompanhasse esse momento, as necessidades formativas poderiam ser tratadas de forma mais pontual e aprofundada, no coletivo. Assim, o CP conseguiria coletar dados da demanda apresentada pela equipe e planejar a formação, porque, sem diagnóstico refletido, não há como propor ações que desencadeiem transformações (Placco; Souza, 2013).

Souza (2001) relata que, quando há discordância de pensamentos, há desenvolvimento no conhecimento. Portanto, é importante que o CP realize um trabalho com a equipe para que se considerem suas diferenças.

Mudar práticas exige vínculos, confiança, ou seja, proximidade entre os pares e o CP. Afinal, como diz Garrido (2015), mudanças geram conflitos, insegurança.

Os professores devem sentir-se à vontade para expor suas dúvidas, opiniões e inquietudes no fórum da RPS, em vez de tratarem-nas nos "corredores pedagógicos", como reitera um dos professores no questionário:

> [...] me sinto parte ativa da formação. Creio que todas têm o direito à voz, porém algumas pessoas não se manifestam no coletivo e, muitas vezes, se manifestam posteriormente, em pequenos grupos, ou a portas fechadas com as gestoras (Bayó, professor).

O espaço da RPS é o momento em que se garante o coletivo, que deverá ser utilizado para que os professores criem propostas, troquem experiências, fundamentem suas práticas. Assim, é necessário investir nesse espaço, bem como na formação da CP, para que esta se fortaleça para conduzir esses momentos e, de fato, seja a parceira experiente, o que não significa que deve ter a obrigação de saber tudo. Cada um deve assumir seus saberes e seus não saberes, permitindo-se aprender com o outro, desvelar novos conhecimentos.

O episódio 3 — Portões abertos — trata do relato de uma professora no momento do coletivo, sobre o fato de os portões da creche ficarem abertos, o que possibilita às famílias entrar antes do horário de saída, atrapalhando a organização do momento de saída das crianças. A CP finaliza a reunião sem abrir a discussão e sem dar nenhum encaminhamento. Parte dos professores se levanta, enquanto um grupo que se solidarizou com a professora continua a questionar a situação junto à professora. Esse episódio revelou que há temas, situações e encaminhamentos que são objeto de desentendimento e de conflitos, que, por não serem tratados imediatamente, dão margem a comentários posteriores e reclamações.

Ao destacar esse episódio, buscamos mostrar a relação entre o silêncio dos professores, no momento destinado ao coletivo e os temas discutidos fora da RPS, e o que esse movimento pode significar em termos de real falta de diálogo, de escuta e de confiança mútua entre todos os profissionais da creche. Evidencia-se aí a necessidade de a CP perseguir o exercício de escuta. Para Almeida (2016), no momento em que o professor observa que existe uma escuta verdadeira de suas inquietudes e de seus questionamentos, os caminhos para a mudança se abrem, resultando em encontros formativos.

A pressa em encerrar a reunião impediu o diálogo sobre a questão citada pela professora, de tratar o conflito e de a situação ser resolvida. Nessa direção, Almeida (2012, 58) lembra que: "A escola é uma oficina de convivência e seus profissionais devem cuidar para que a convivência seja saudável e provocadora de desenvolvimento".

Ao retomar os questionários, percebemos que a professora em questão se posiciona esporadicamente nas reuniões, e, desse modo, escutá-la seria valioso para fortalecer sua participação.

Teria sido estratégico à CP acolher a queixa da professora, tratando-a posteriormente, em outra reunião, o que nos remete a Souza (2012), que nos alerta que as pessoas precisam estar seguras para expressar suas necessidades; caso contrário, o medo de expor-se ao outro prevalece. Por se tratar de um acontecimento desagradável, provavelmente a professora continuou a discussão com outros professores pelos corredores.

Neste caso, é fundamental construir vínculos pautados no respeito, na confiança, na diversidade de opiniões, em discussões honestas referentes aos desafios encarados no dia a dia, exaurindo as discussões nos "corredores pedagógicos" e validando o espaço da RPS.

Em síntese, a análise dos três episódios evidenciou a necessidade de relações interpessoais mais transparentes e consistentes, o que talvez fizesse cessar os "corredores pedagógicos".

Concluímos também a necessidade de repensar o planejamento das RPS, de priorizar a reflexão das práticas; identificar as concepções e as teorias que as fundamentam; organizar uma avaliação, para o final da reunião, para estabelecer e/ou retomar os encaminhamentos;

decidir coletivamente as necessidades formativas para abordar na próxima semana; incluir atividades complementares, ou seja, tudo para garantir que todos tenham o mesmo entendimento, cessando as distorções e favorecendo clareza na comunicação ao término de cada encontro.

Para Aveledo (2018, 88):

> Diversos motivos podem ser conjecturados a respeito da existência dos "corredores pedagógicos", dentre eles: a suposição de que os professores não se sentem à vontade para externalizar [sic] suas queixas; que a CP não abre espaço para que as queixas aflorem; que essas situações informais sejam favorecidas pelo fato de a CP retirar-se durante as reuniões de planejamento, momento em que a reunião demanda um direcionamento mais claro.

Os três episódios denunciaram a necessidade de a CP estar mais firme para sua constituição profissional, perseguindo alternativas que fomentem sua própria formação, qualificando-a para os desafios dessa função complexa.

Para o enfrentamento desses acontecimentos, destaca-se a necessidade de a Secretaria de Educação responsabilizar-se pela formação continuada dos CPs, principalmente dos iniciantes na função, que, muitas vezes, ainda se revelam inseguros para lidar com as complexas atividades do cotidiano escolar, sejam as de ordem do currículo, sejam as de ordem relacional — relações interpessoais e coletivas.

Referências bibliográficas

ALMEIDA, Laurinda R. O relacionamento interpessoal na coordenação pedagógica. In: ALMEIDA, Laurinda R.; PLACCO, Vera M. N. S. (Org.). *O coordenador pedagógico e o espaço da mudança*. 3ª ed. São Paulo: Loyola, 2003, 67-79.

_____. O coordenador pedagógico e a questão de cuidar. In: ALMEIDA, Laurinda R.; PLACCO, Vera M. N. S. (Org.). *O coordenador pedagógico e questões da contemporaneidade*. 6ª ed. São Paulo: Loyola, 2012, 41-60.

_____. Relações interpessoais potencializadoras do trabalho colaborativo na formação de professores. In: ALMEIDA, Laurinda R.; PLACCO, Vera M. N. S. (Org.). *O coordenador pedagógico e o trabalho colaborativo na escola*. São Paulo: Loyola, 2016, 25-40.

AVELEDO, Edilene A. B. da S. *O espaço formativo da reunião pedagógica semanal e as necessidades de formação dos professores: atendidas ou não?* 2018. 96 f. Dissertação (Mestrado Profissional em Educação: Formação de Formadores) — Pontifícia Universidade Católica de São Paulo — PUC-SP, 2018.

GARRIDO, Elsa. Espaço de formação continuada para o professor-coordenador. In: BRUNO, Eliane B. G.; ALMEIDA, Laurinda R.; CHRISTOV, Luiza H. S. (Org.). *O coordenador pedagógico e a formação docente.* 13ª ed. São Paulo: Loyola, 2015, 9-16.

PLACCO, Vera M. N. S.; SOUZA, Vera L. T. Entraves da formação centrada na escola: possibilidades de superação pela parceria da gestão na formação. In: ALMEIDA, Laurinda R.; PLACCO, Vera M. N. S. (Org.). *O coordenador pedagógico e a formação centrada na escola.* São Paulo: Loyola, 2013, 25-44.

SANTO ANDRÉ. Prefeitura Municipal. *Projeto Político-Pedagógico Creche "Semeadores Mirins".* Secretaria de Educação, Santo André, 2017.

SILVA, Jeanny M. S.; RABELLO, Kátia M.; ALMEIDA, Laurinda R. In: PLACCO, Vera M. N. S.; ALMEIDA, Laurinda R. (Org.). *O coordenador pedagógico e a legitimidade de sua atuação.* São Paulo: Loyola, 2017, 95-116.

SOUZA, Vera L. T. O coordenador pedagógico e a constituição do grupo de professores. In: ALMEIDA, Laurinda R.; PLACCO, Vera M. N. S. (Org.). *O coordenador pedagógico e o espaço de mudança.* 3ª ed. São Paulo: Loyola, 2001, 27-34.

_____. O coordenador pedagógico: a questão da autoridade e da formação de valores. In: ALMEIDA, Laurinda R.; PLACCO, Vera M. N. S. (Orgs.). *O coordenador pedagógico e questões da contemporaneidade.* 6ª ed. São Paulo: Loyola, 2012, 25-39.

TORRES, Suzana R. Reuniões pedagógicas: espaço de encontro entre coordenadores e professores ou exigência burocrática. In: ALMEIDA, Laurinda R.; PLACCO, Vera M. N. S. (Org.). *O coordenador pedagógico e o espaço de mudança.* 3ª ed. São Paulo: Loyola, 2003, 45-51.

Coordenação pedagógica na educação infantil: questões de formação e profissão

Janaina Cacia Cavalcante Araujo[1]
janainacacia@hotmail.com

Mônica Appezzato Pinazza[2]
mapin@usp.br

 Este capítulo apresenta alguns dos achados de pesquisa de doutorado que teve como objeto de estudo questões concernentes à formação e à profissão de profissionais atuantes no cargo de coordenação pedagógica na educação infantil da rede pública municipal direta da cidade de São Paulo, em Centros de Educação Infantil (CEIs) e Escolas Municipais de Educação Infantil (EMEIs). O foco da investigação recaiu sobre o alcance das ações da coordenação pedagógica no que tange à mobilização da equipe em seus contextos de trabalho, visando ao desenvolvimento profissional e ao desenvolvimento de práticas educativas qualificadas.

 Nesta pesquisa, partiu-se da suposição básica de que a coordenação pedagógica tem uma responsabilidade crucial dentro da instituição educacional, em parceria com a direção e com o coletivo de professores, de investir no delineamento e nas implicações decorrentes da implementação do projeto político-pedagógico, tendo como grande desafio atingir o plano das realizações cotidianas junto às crianças e suas famílias. Diante disso, surgiram os seguintes

---

 1. Doutora pela Universidade de São Paulo (USP) e professora do Centro de Referência em Educação Infantil do Colégio Pedro II — Rio de Janeiro.
 2. Professora associada livre-docente da Faculdade de Educação da Universidade de São Paulo (USP) e orientadora desta pesquisa.

questionamentos referentes aos coordenadores pedagógicos (CPs): Que saberes mobilizam os CPs no exercício da profissão? Quais as percepções dos CPs sobre seu trabalho e suas atribuições no cotidiano das instituições de educação infantil? Como os CPs vivenciam a relação com a direção e, para além da unidade, com os órgãos centrais?

Assim, estabeleceu-se como objetivo principal, neste estudo, como uma pesquisa pedagógica, contribuir para a investigação e a análise do profissional que compõe a gestão educacional e que atua no cargo da coordenação pedagógica na educação infantil da rede pública municipal da cidade de São Paulo. Desse objetivo geral derivaram os seguintes objetivos específicos: explicitar os processos de formação inicial e contínua na constituição profissional dos coordenadores pedagógicos; identificar a natureza de saberes dos profissionais da coordenação pedagógica e quais são os saberes mobilizados em sua prática cotidiana; compreender a correspondência entre as atribuições legais e as possibilidades de ação efetivas da coordenação pedagógica e, assim, desvelar as vivências profissionais desses gestores, como liderança formal perante a equipe de professores e a direção das instituições de educação infantil.

A partir da investigação realizada, foi possível discutir pontos de tensão que se referem à coordenação pedagógica na educação infantil, mediante análise da legislação em vigor e dos referenciais teóricos relacionados à formação dos profissionais da educação infantil, na perspectiva da supervisão de práticas pela coordenação pedagógica para o desenvolvimento profissional e organizacional, tendo como perspectiva a liderança pedagógica em uma cultura formativa centrada na escola.

Tais ponderações auxiliaram na delimitação do referencial teórico-argumentativo e do quadro metodológico que subsidiaram a investigação e a produção de dados.

Este estudo utilizou-se dos referenciais teóricos relacionados à formação de professores (Nóvoa, 1995, 1999, 2002; Day, 2001; Tardif, 2002) e das discussões e investigações sobre a formação dos professores de educação infantil no Brasil (Barreto, 1994, 1995; Campos, 1994, 2005; Kramer, 1994, 2005, 2008; Rosemberg,

1994, 2005, 2006, 2010; Oliveira, 1994, 2001, 2005; Faria, 2007; Kishimoto, 2005; Rocha, 1997, 1998, 2002, 2010; Pinazza, 2014), a fim de problematizar as especificidades da formação dos profissionais da educação infantil.

Na perspectiva da supervisão de práticas para o desenvolvimento profissional e organizacional (Oliveira-Formosinho, 2002a, 2002b, 2005, 2007, 2009, 2016; Pinazza, 2013, 2014), pela via dos coordenadores pedagógicos (Placco, Almeida, 2012a, 2012b, 2012c, 2015; Almeida, Placco, 2001, 2012), em contextos coletivos na educação infantil (Oliveira-Formosinho, Kishimoto, 2002), refletimos sobre a especificidade deste *lócus* de atuação.

Tendo como perspectiva a liderança pedagógica em uma cultura formativa centrada na escola para a mudança e voltada à educação sustentável (Hargreaves, 1994; Fullan, Hargreaves, 2000, 2001; Fullan, 2003; Hargreaves, Fink, 2007), discutimos pontos de tensão que se referem à coordenação pedagógica na educação infantil em uma comunidade aprendente, em parceria com a equipe gestora e os professores, de forma dialógica e participada, pela óptica da formação ecológica em contexto.

As análises se consolidaram mediante a triangulação de dados (Gómez; Flores; Jiménez, 1996) referentes à literatura, às bases legais e à produção de dados empreendida pela análise de conteúdo (Bardin, 1977) com base na técnica dos grupos focais (Barbour, 2009; Costa, 2005; Gatti, 2005; Gondim, 2003; Guimarães, 2006) desenvolvida pelos coordenadores pedagógicos atuantes na educação infantil do município de São Paulo, subdivididos em dois grupos de amostras — Grupo A e Grupo B. Realizaram-se sessões de acordo com a metodologia dos grupos focais, com 16 coordenadores pedagógicos de CEIs e EMEIs, subdivididos em dois grupos com oito componentes cada (grupo A, de participantes de um grupo de estudos na Universidade de São Paulo, e grupo B, de não integrantes de grupo de estudos); além disso, efetuaram-se entrevistas individuais com os voluntários. Mediante a análise de conteúdo (Bardin, 1977), identificaram-se duas grandes categorias de análise: a natureza dos saberes da profissão e formação profissional e as vivências na profissão.

1. A atuação da coordenação pedagógica na educação infantil e a formação contínua em serviço no interior das instituições educacionais: desafios que emergem

A análise sobre o papel formativo e as atribuições do coordenador pedagógico na educação infantil — da perspectiva do que seja mediar, transformar, potencializar, avaliar, dimensionar, articular e intervir em uma interlocução entre a realidade do contexto educacional e a formação do professor — evidencia uma clara necessidade da atuação desse profissional. O CP tem a possibilidade de realizar seu trabalho em consonância com o que é produzido e mobilizado no fazer do professor, na formação contínua em serviço.

O contexto da educação infantil diferencia-se entre as creches e pré-escolas como também abarca uma série de variáveis que os profissionais em que nela atuam, sejam CPs ou professores, precisam considerar, tais como as idades das crianças, suas peculiaridades, a rotina, as experiências desencadeadas, as necessidades do cotidiano, as concepções compartilhadas e o que quer que seja a coordenação nesse espaço.

Considerando tais reflexões, pode-se inferir que o desafio que emerge é mudar uma concepção tradicional que apresenta o coordenador como chefe que organiza, transmite e dirige, para outra em que o CP aparece como aquele que participa, dialoga, mobiliza e transforma, que é responsável pela formação em serviço e pelo desenvolvimento profissional de sua equipe. Essa mudança de conceito, conforme já exposto, é dificultada pela fragilidade da formação inicial do formador, pela indefinição de suas atribuições e pelo suporte ao professor, que procura na formação em serviço preencher as lacunas de uma formação aligeirada e superficial.

Os aportes legais garantem a formação dos profissionais da educação infantil; entretanto, nos dias atuais, o que parece ocorrer é que poucos profissionais saem com conhecimentos específicos para o trabalho com bebês e crianças, e estes poucos se desdobram na prática. Um agravante deste cenário se refere à formação dos CPs, pois estes têm a mesma graduação que o professor, com o mesmo cabedal teórico, com as mesmas lacunas, com o mesmo tempo de duração do curso, somente com a significativa diferença de ter a responsabilidade de um grupo de profissionais na atuação de um contexto complexo e a necessidade de aprofundar seus saberes, melhorar sua formação e enfrentar os desafios (Placco, 2012).

Pinazza (2014) estabelece uma reflexão aprofundada em sua investigação sobre o CP em relação às suas atribuições, em parceria com o diretor, analisa como esse profissional compreende o seu trabalho no plano de formação dos profissionais de educação infantil, o quanto é necessária uma formação específica em educação de crianças pequenas e a experiência na formação de adultos para o desenvolvimento do trabalho com bebês, crianças e suas famílias e o quanto o CP ainda se sente despreparado para tais tarefas.

Outro ponto que merece destaque é o contexto de atuação dos CPs — na educação infantil, esse panorama de atuação torna-se singular. O coordenador pedagógico é aquele que tece, dentro de um apanhado de variáveis e questionamentos, o cotidiano do professor, das crianças, do que é feito, à luz da teoria.

No desempenho de suas atividades, o coordenador pedagógico requer meios para problematizar a sua ação; ele precisa do auxílio de mediadores que o ajudem com recursos e estratégias em seu trabalho, a fim de auxiliar os professores para que estes saibam como planejar, possam avaliar o que sabem, o que precisam saber, quais as questões levantadas nas propostas feitas, o seu fazer, os modos de reflexão e de reorganização do trabalho (Placco; Almeida, 2012a, 2012b, 2012c, 2015; Zumpano; Almeida, 2012).

Quando se pensa na atuação do coordenador pedagógico e na sua responsabilidade, faz-se necessário levar em conta que ele precisa estabelecer uma relação de colaboração, de troca, com o professor sob seus cuidados, de maneira participativa, dialógica e democrática, considerando que há nesse relacionamento uma dinâmica plural, uma vez que os saberes são diversos. Essa não é uma tarefa simples, pois é sabido que o professor carrega em sua história de vida, em seus anseios, no seu percurso profissional, uma série de questões que influenciarão o seu "ser professor" e a sua atuação (Placco, 2012).

Os saberes que serão adquiridos e muitas outras questões que surgirão, decorrentes da prática efetiva da sua atuação na unidade educacional, fazem parte do cotidiano profissional do CP. O entendimento de que a formação é um processo (Placco; Silva, 2003) — que o seu objetivo é formar e não formatar, que é muito mais que informar, é gerar conhecimentos específicos, sejam eles práticos, instrumentais, conceituais, filosóficos, políticos, procedimentais ou teóricos — deve fazer parte do cabedal de saberes do CP.

Em uma perspectiva de transformação do cotidiano educativo, o objetivo do CP é proporcionar meios aos professores que possibilitem mudanças mesmo com a complexidade das variáveis presentes na educação infantil.

Considerando o contexto da educação infantil no Brasil, as perspectivas e concepções dos professores e a construção histórico-social desse âmbito, pode-se vislumbrar uma multiplicidade de questões intrínsecas na ação desses atores, principalmente ligada ao fazer cotidiano.

É importante destacar que a educação infantil tem sido um tema muito discutido, sobretudo no que se refere às questões que envolvem o trabalho educativo com crianças pequenas e, consequentemente, à função dos professores em meio às novas concepções. A partir da legislação maior (Constituição, LDB, Plano Nacional de Educação), com a garantia de direitos às crianças, tem-se discutido, pesquisado e produzido materiais referentes à faixa etária da Educação Infantil.

É importante salientar que os contextos no Brasil ainda sofrem de uma distância entre o que é realizado e o que se tem como pressuposto para o desenvolvimento de práticas significativas e emancipatórias, que tenham como foco a "escuta ativa", a participação e o interesse das crianças.

A formação participativa e democrática para bebês, crianças e professores acontece, necessariamente, quando os processos de tomada de consciência, reflexão crítica e o envolvimento destes, que estão implicados nestas relações e experiências, os tornam sujeitos desta própria formação (Oliveira-Formosinho, 2016; Pinazza, 2014).

A tarefa de uma reconstrução dos pressupostos de formação de uma pedagogia da infância em contexto que possa realmente romper com estruturas cristalizadas perpassa por uma nova imagem da criança e do profissional que lida com ela. É necessária uma harmonização das vozes por meio da escuta, da negociação e da colaboração tanto da criança como do profissional e uma reconstrução do conhecimento profissional prático no âmbito da pedagogia da infância. A formação é centrada no fazer pedagógico do cotidiano que está relacionado ao conhecimento de forma reflexiva, participativa e produtiva. Dessa maneira, "[...] a formação em contexto é, portanto, um veículo para a transformação da pedagogia da infância porque se constitui em desenvolvimento profissional praxiológico [...]" (Oliveira-Formosinho, 2016, 96).

Oliveira-Formosinho (2005, 148) menciona que há duas perspectivas de desenvolvimento profissional do CP: a perspectiva individual, na qual o desenvolvimento "[...] é visto como um empreendimento individual que consiste em oferecer aos professores individuais oportunidades para crescimento e proficiência [...]"; e a institucional, em que esse desenvolvimento "[...] é sinônimo de promover a mudança em contexto. Esta perspectiva liga o desenvolvimento profissional ao desenvolvimento curricular e ao desenvolvimento organizacional [...]", passando a ser uma resposta coletiva às necessidades e aos problemas de uma unidade educacional, de uma rede de escolas.

Os processos formativos promovidos pelos órgãos centrais acabam por restringir-se a conhecimentos da profissão, do profissional da educação, tanto para professores como para gestores, mas não se traduzem em conhecimentos que possam mudar as práticas de cada contexto em sua singularidade de maneira organizacional e institucional. A reflexão crítica sobre esses processos possibilitaria a configuração de outros meios e subsídios desencadeadores de processos metodológicos de formação de professores da/na educação infantil que estivessem contextualizados na participação individual e coletiva.

Muitos conflitos fazem parte do cotidiano dos coordenadores, na busca pela implementação de mudanças a fim de obter uma melhoria permanente, seja nas práticas, na formação dos professores ou na instituição como um todo. Essa demanda acaba por criar um dilema para o CP entre o ideal, o que ele acredita e propõe, e o que realmente é possível, em meio à realidade da instituição ou do sistema no qual se insere (Souza, 2012).

As reflexões empreendidas na formação do cotidiano educativo e a sistematização das discussões precisam ser estabelecidas e alicerçadas de forma racional e propositiva pelo CP. Isso exige uma clareza diante do que se quer e do que se pode fazer. Propiciar momentos de interlocução e reflexão teórico-prática com os professores é o principal foco do trabalho do coordenador pedagógico na educação infantil, com o intuito de promover o desenvolvimento profissional e organizacional dos sujeitos.

Apesar de todo o crescimento nesse âmbito, ainda se caminha a passos lentos no que tange à produção acadêmica relacionada à gestão na educação infantil. A literatura internacional e a literatura nacional ainda são compostas de poucos trabalhos, e o real alcance e o acesso dessas produções para as unidades educacionais, como subsídio de reflexão e tomadas de decisões, ainda são incipientes diante das demandas específicas.

A literatura internacional (Formosinho, 2009; Fullan, 2003; Fullan, Hargreaves, 2000, 2001; Hargreaves, 1994; Hargreaves, Fink, 2007; Oliveira-Formosinho, 2002a, 2002b) que embasou este trabalho apresenta investigações sobre a gestão e a liderança do diretor de escola. Há estudos recentes, conforme apontado por Pinazza (2014), que diferem, porém, do quadro mostrado nas escolas de educação infantil do município de São Paulo, no qual a equipe gestora é formada pelos cargos de diretor e coordenador pedagógico e essa dupla figura como responsável pele concretização das políticas públicas municipais para a educação e educação infantil (São Paulo, 2014, 2015a, 2015b, 2016). Contudo, optou-se por utilizar essas fontes, pois, conforme Pinazza (2014) esclarece, a literatura sobre liderança na educação reúne produções, em sua maioria, de origem anglo-saxônica, em que o diretor é retratado como líder. No entanto o CP também atua como um líder de sua equipe, e é aquele que busca "[...] promover práticas eficazes de ensino, proporcionar crescimento pessoal e profissional contínuo e mudar o caráter da escola e do ensino [...]" (Harris, 2002, 165), o que transforma a concepção do que é uma liderança em educação para a mudança.

Fullan (2003) ajuda a compreender a mudança no contexto da gestão na educação orientada em termos de liderança, conduzindo a figura do coordenador a "liderar a mudança complexa, desenvolver uma estrutura conceptual e um conjunto de ações que deverão ser constantemente cultivadas e redefinidas [...]" (Fullan, 2003, 41) nos espaços educacionais.

O CP, como uma liderança, é a ponte para o professor entre as questões cotidianas, a formação e a sua prática. O coordenador pedagógico torna-se um meio pelo qual o professor pode compreender e refletir a complexidade da sua atuação e dos desdobramentos implicados nesta atuação (Fullan, 2003, 51).

Uma formação centrada na escola, como uma comunidade aprendente, advém de uma tendência recente, tendo como pressuposto a "[...] ancoragem do desenvolvimento profissional no desenvolvimento organizacional [...]", ou seja, a imbricação dos processos formativos do desenvolvimento profissional com as questões implícitas na organização do contexto educacional (Oliveira-Formosinho, 2009, 267).

A busca por mudanças no contexto em que atuam os professores os leva a repensar a sua prática, seja individual ou coletivamente, e os fazem ressignificar as necessidades e os problemas numa perspectiva mais abrangente, não somente restrita ao micro de suas salas de aula, mas também de maneira ampliada em termos de relações, interferências e possíveis soluções (Oliveira-Formosinho, 2002b).

Assim, percebe-se que a mudança e a superação de modelos compartimentados e formações superficiais não dependem somente da equipe gestora, no caso do coordenador pedagógico (Souza; Petroni; Dugnani, 2015). Além de ser uma construção ao mesmo tempo individual, autoformativa e contínua, é também coletiva, política, organizacional e articuladora, e objetiva que a formação docente reverbere em desenvolvimento profissional.

Mais do que isso, as lideranças, sejam elas institucionais ou não, em suas funções, precisam ser mais que pares dos professores, pois a formação e a experiência docente não são suficientes (Carlos, Placco, 2015) para mobilizar mecanismos formativos com adultos em contextos colaborativos. A perspectiva que se apresenta é a formação profissional ligada à aprendizagem dos professores, e essa "[...] aprendizagem dos professores tornar-se-á completamente ligada à aprendizagem daqueles a quem ensinam [...]", no caso, as crianças (Fullan; Hargreaves, 2000, 12). Contudo, isso só ocorre quando, no contexto educacional, a comunidade escolar (equipe pedagógica, docente, administrativa) tem abertura e está disposta a investigar sua prática em um processo de melhoria da qualidade do que é proposto e desenvolvido nesse âmbito.

As culturas escolares acabam por modelar e enquadrar a forma "como se fazem as coisas no espaço escolar". Diante das dificuldades presentes no cotidiano, às vezes, os profissionais se tornam resistentes e pouco abertos às mudanças, o que pode dificultar o trabalho do coordenador.

Conforme Fullan (2003), mudar o modo de fazer as coisas no próprio ambiente é o ponto crucial; a isso o autor nomeia como "reculturar", ou seja, é algo que ativa e aprofunda o objetivo moral, que promove culturas de trabalho cooperante, e, mesmo que haja diferenças entre os envolvidos, estas devem ser respeitadas de modo que se permita construir conhecimento, proporcionar momentos de aprendizagem, envolvendo trabalho duro e intensivo.

O papel dos professores é fundamental para a formação e a mudança em uma perspectiva de uma organização aprendente (Fullan; Hargreaves, 2000). Estes autores citam aspectos importantes que muitas vezes recebem pouca atenção quando se buscam mudança e desenvolvimento relacionados aos professores, tais como "[...] o propósito do professor; o professor como pessoa; o contexto do mundo real em que trabalham os professores e as culturas do ensino, e as relações de trabalho que os professores têm com os colegas [...]" (Fullan; Hargreaves, 2000, 34).

As formações que ocorrem no contexto escolar, ou fora dele, não levam em consideração a multiplicidade de variáveis e a complexidade desses aspectos, o que dificulta ou, até mesmo, impede que a organização promova mudanças reais e efetivas com o grupo de professores.

Há professores que caminham sozinhos, que buscam estratégias próprias, isto é, buscam meios para a própria formação, o desenvolvimento do próprio trabalho, obter um currículo mais contextualizado e dinâmico, estão atentos ao grupo de crianças como um todo e aos seus integrantes individualmente, cuidam da própria formação e têm clareza do que precisam alicerçar em sua prática; já outros estarão à espera de direcionamento e alguém que os ajude a refletir sobre seu contexto profissional. Dessa maneira, o "parceiro" pode ser um colega com mais afinidade, um pequeno grupo que tenha a mesma faixa etária das crianças, um colega com uma realidade próxima de outra escola ou o próprio coordenador pedagógico.

Os princípios podem e devem compor a complexidade da atuação do CP numa perspectiva que Oliveira-Formosinho (2002a, 2002b) chama de supervisão de práticas na formação dos professores, com proposições que gerem tensões produtivas, promovam o questionamento e a reflexão e, assim, construam significados de análise da prática educativa. Esses processos mobilizam a busca de mais autonomia e autoria pelos professores.

A supervisão de práticas (Oliveira-Formosinho 2002a, 2002b; Pinazza, 2013, 2014) na perspectiva da pedagogia participativa e da educação de adultos se refere ao processo de formação pautado na sistemática supervisão em tutoria e mentoria das práticas educativas. O CP, como supervisor de práticas, é aquele que mostra alguns caminhos para que os professores ampliem seus saberes, e, assim, consequentemente, seu repertório no exercício da profissão.

O desafio posto ao coordenador pedagógico nesses espaços educativos, um dos elos deste trio gestor (diretor, assistente e CP), é o de potencializar as práticas dos professores, almejando maior interligação entre o que é planejado, proposto, e o que realmente é efetivado na prática nesses locais pelos profissionais com as crianças.

Pinazza (2014) analisa a importância da parceria com o diretor e como o CP compreende seu trabalho no plano de formação dos profissionais de educação infantil, sua necessidade de uma formação específica e de adquirir saberes sobre a formação de adultos para o desenvolvimento do trabalho em conjunto com o professor que lida com bebês, crianças e suas famílias; e o quanto o CP ainda se sente despreparado para tal tarefa.

O contexto de atuação desses profissionais, a educação infantil, torna o panorama de atuação do CP singular, pois, além de todas as atribuições do cargo[3], esse gestor é o responsável pela formação em serviço e, por conseguinte, pela qualificação do trabalho desenvolvido pelos docentes. Portanto, o CP carece de ferramentas e de formação adequada às necessidades de uma atuação que visa à mudança de aspectos da realidade que já não respondem às necessidades contextuais, para que ele possa estar em colaboração com o coletivo, que obtenha a participação dos envolvidos, numa conexão íntima entre o desenvolvimento pessoal e o organizacional.

As condições estruturais, formativas, institucionais e organizacionais são imprescindíveis para que os gestores realizem suas funções de forma a garantir os diversos aspectos de suas atribuições.

Considerar o coordenador pedagógico como uma pessoa que reconhece sua função articuladora e mobilizadora na tessitura dos processos de formação na escola faz concluir que sua própria formação é essencial para que, como profissional habilitado, possa interferir e propor ações formativas, reflexivas e inovadoras (Placco; Almeida, 2001).

Em um ambiente democrático em que há participação coletiva, a construção da gestão será permeada pelas vozes de todos os que atuam naquele espaço. Desta perspectiva, o CP é aquele que articula o construir e mobiliza esse processo a fim de que haja crescimento intelectual, afetivo, ético e político dos envolvidos (Bruno; Abreu, 2012). A mobilização é feita em duas vertentes, particular de cada profissional e do todo, enquanto equipe, em parceria para que seja compartilhada.

Mais do que espaços de formação, hoje a grande discussão é a qualidade da formação oferecida, como ela se processa, o seu real alcance na prática do professor e de que maneira promove o processo de formação contínua (Benachio; Placco, 2012).

Na educação infantil, as ações com as crianças são o foco maior. Dentro de um mesmo grupo de professores existem várias

---

3. Sobre as atribuições dos profissionais da educação do município de São Paulo, consultar o Decreto n. 54.453, de 10 de outubro de 2013, que fixa as atribuições dos profissionais da educação que integram as equipes escolares das unidades educacionais da rede municipal de São Paulo (São Paulo, 2013).

concepções de infância e criança; se não há princípios norteadores entre as concepções e as práticas, tudo será realizado de maneira improvisada e descontextualizada. Este entrave impossibilita a criação de mecanismos de produção de documentação pedagógica, uma ferramenta essencial para a formação e a reflexão tanto do processo formativo em si como da prática realizada com as crianças. A carência deste material fará com que o professor tenha dificuldades para avaliar o processo pedagógico, para perceber como as crianças reagem diante das propostas, perdendo, desse modo, elementos fundamentais de captação teórica, metodológica e didática.

As pedagogias participativas (Oliveira-Formosinho, 2002a, 2002b, 2002c, 2005, 2007; Oliveira-Formosinho; Kishimoto, 2002) exigem outra postura e condução das ações relacionadas aos registros das práticas e a produção de documentação pedagógica, e, consequentemente, a reflexão e a avaliação sobre estas, assim como as relações e interações estabelecidas entre os profissionais.

O coordenador pedagógico, neste contexto, deve expressar conhecimentos e saberes que possibilitem, com a documentação pedagógica produzida, elencar estratégias formativas propulsoras que alavanquem o fazer e o refletir do professor para que, assim, haja o desenvolvimento desse profissional e que ele possa perceber o que é ser um professor da infância (Zumpano; Almeida, 2012).

Diante dessa realidade, é impossível a instituição ficar alheia ao trabalho colaborativo e participativo da família. A interlocução entre os adultos que educam e cuidam de crianças pequenas precisa ser estabelecida. A escola, em uma gestão participativa, não pode se fechar em um "espaço paralelo", alienar-se do que se passa com as famílias. Atitudes de isolamento estão fadadas ao fracasso das intenções da instituição e do que cabe a ela executar na busca por uma educação de qualidade em benefício das crianças.

O trabalho com as famílias é uma demanda que, muitas vezes, acarreta grandes dificuldades para o coordenador pedagógico, não somente em relação ao tempo dispensado para esta ação, como também ao tempo gasto nas ações propositivas diante das famílias que compõem a clientela da instituição.

A necessidade de uma educação voltada para cuidados essenciais, muitas vezes, de crianças bem pequenas, que passam muitas horas do dia nas instituições, requer intervenção e orientação do coordenador; por isso a interlocução com as famílias é fundamental. As atitudes do CP juntamente com a direção serão decisivas na maneira como a gestão instituída se torna participativa e democrática ao ponto de um crescente envolvimento dos seus responsáveis.

Deste ponto de vista, o papel do professor é essencial para que as relações e as interações sejam estabelecidas e estreitadas. Assim, os contextos vivenciais de adultos e crianças passam a compor a prática diária de convívio, aprendizagem e formação mútua. Oliveira-Formosinho (2002c) define o conceito de profissionalidade docente "[...] como a ação profissional integrada que a pessoa da educadora desenvolve junto às crianças e famílias com base nos seus conhecimentos, competências e sentimentos, assumindo a dimensão moral da profissão [...]" (Oliveira-Formosinho, 2002c, 43).

Vale destacar que no Projeto Pedagógico, elaborado coletivamente pela comunidade educativa, no qual a unidade educacional está localizada, é feita periodicamente a caracterização das famílias. Assim, a unidade educacional está inserida em um território com determinadas famílias totalmente singulares e distintas de qualquer outro lugar. A clareza desta imbricação influenciará o tipo de condução e de escolhas das conexões privilegiadas num contexto coletivo e dinâmico. Dessa maneira, mesmo que os gestores da unidade não se apropriem desse papel de compreender a realidade, ela estará elegendo um tipo de gestão marcada por determinadas atitudes e escolhas, sejam elas de reprodução e controle ou de transformação, participação e dialogicidade.

2. Encontro com profissionais da coordenação pedagógica

De acordo com Gómez, Flores e Jiménez (1996), a pluralidade metodológica permite ter uma visão global do estudo, pois cada método oferecerá uma perspectiva diferente; não se trata de almejar generalizações, e sim de compreender, a fim de buscar os significados do ponto de vista dos participantes, verificar a estrutura, a ocorrência, o tempo, os pontos de tensão, os conflitos e outras questões pertinentes ao objeto em estudo. Nesta abordagem, buscou-se compreender, interpretar e analisar a realidade pela perspectiva experienciada a partir dos sujeitos e dos sentidos que atribuem; portanto, implica na utilização de uma variedade de materiais que possam descrever os significados e que propiciem uma multiplicidade de perspectivas. Assim, as investigações qualitativas podem informar com objetividade e precisão acerca das questões do mundo social e das experiências dos indivíduos analisados.

Desse modo, as técnicas em investigações qualitativas adotadas neste estudo foram: o exame dos documentos oficiais que se referem à coordenação pedagógica, a análise de conteúdo dos relatos orais em grupo focal, a aplicação de questionário com os coordenadores pedagógicos participantes do grupo focal e o levantamento da literatura para a reunião dos dados de pesquisa. Com o objetivo de recolher, descrever, analisar e interpretar os dados produzidos, a utilização de vários métodos nos permite a triangulação dos dados (Gómez; Flores; Jiménez, 1996). O cruzamento e a sistematização desses dados possibilitam assegurar o rigor da investigação.

Quando se busca uma metodologia para a produção dos dados empíricos de uma pesquisa, tem-se como objetivo principal trazê-los de forma autêntica, dinâmica e compreensível de uma dada condição vivida (Gómez; Flores; Jiménez, 1996). Assim, de acordo com os pressupostos de Barbour (2009), Costa (2005), Gatti (2005), Gondim (2003) e Guimarães (2006), optou-se pela utilização da técnica dos grupos focais como instrumento de coleta e produção de dados.

O principal objetivo do grupo focal se apresenta na interação de seus participantes, tendo o pesquisador como interlocutor e mediador das proposições, na busca pela captação/produção de dados, explícitos ou implícitos, verbalizados ou omitidos, a partir da discussão coletiva do que é proposto/refletido/discutido.

Com o intuito de caracterizar os sujeitos-colaboradores da pesquisa, ou seja, os profissionais que se dispuseram a participar dos grupos focais, foi elaborado um questionário individual — com perguntas fechadas sobre o perfil dos CPs e uma pergunta aberta sobre o interesse pela coordenação pedagógica —, que foi respondido em um tempo posterior aos encontros dos grupos focais.

Os participantes responderam questões pessoais, de formação e de atuação profissional. Uma pergunta pontual destinou-se a evidenciar quais os motivos que os levaram a escolher a coordenação pedagógica como seu campo de atuação.

Dezesseis voluntários foram divididos em dois grupos, como segue: o Grupo A formado por oito coordenadores pedagógicos integrantes do grupo de estudos Formação Profissional e Práticas de Supervisão em Contextos, da Faculdade de Educação da Universidade de São Paulo; e o Grupo B composto de oito coordenadores pedagógicos que não estavam vinculados a nenhum grupo de estudos.

Os CPs que integraram os dois grupos focais participam das formações oferecidas pela Diretoria Regional de Educação a que pertencem, respectivamente, e, também, dos programas formativos promovidos pela Secretaria Municipal de Educação de São Paulo. São CPs de diversas regiões do município de São Paulo que atuam em CEIs diretos e EMEIs.

Ao tempo da pesquisa, os oito CPs do Grupo A participavam, sistematicamente, dos encontros mensais do grupo de estudos Formação Profissional e Práticas de Supervisão em Contextos, coordenado pela professora Mônica Appezzato Pinazza, criado em 2003, como uma derivação do grupo de pesquisa Contextos Integrados de Educação Infantil (CIEI), sob a coordenação das professoras Tizuko Morchida Kishimoto e Mônica Appezzato Pinazza.

O grupo de pesquisa Contextos Integrados de Educação Infantil, criado em 2000 e inscrito em 2001 no Conselho Nacional de Desenvolvimento Científico e Tecnológico (CNPq), integra pesquisadores nacionais e internacionais e estudantes de graduação e de pós-graduação da Faculdade de Educação da Universidade de São Paulo. O CIEI defende a ideia de que há correspondência estreita entre a qualidade dos serviços em instituições de educação infantil e a formação específica dos profissionais que atuam na área, o que determinou o triplo objetivo desse grupo de pesquisa, que é o desenvolvimento de formação, pesquisa e intervenção em parcerias com unidades de educação infantil da rede pública municipal de São Paulo. Como derivações do CIEI, foram concebidos dois grupos de estudos: Formação Profissional e Práticas de Supervisão em Contextos e Contextos Integrados de Educação Infantil: Formação de Professores.

O grupo de estudos Formação Profissional e Práticas de Supervisão em Contextos, coordenado pela professora Mônica Appezzato Pinazza, surgiu em razão da necessidade da formação de profissionais dedicados à supervisão de práticas em instituições públicas de educação infantil. Dedica-se, portanto, às instâncias de supervisão de práticas educativas (direção, coordenação pedagógica, supervisão escolar e equipe pedagógica da Secretaria Municipal de Educação); em seus mais de dez anos de existência, acompanha e problematiza aspectos relacionados à gestão e à liderança na educação infantil, à formação de professores e à supervisão de práticas.

Todos os gestores participam por livre adesão desse grupo de estudos, com encontros mensais, sendo adotada como sistemática de trabalho a discussão de questões trazidas pelos participantes de seus contextos de trabalhos à luz de produções teóricas sobre temas ligados à pedagogia da infância e da educação infantil, ao desenvolvimento profissional e organizacional, às culturas docentes e padrões de trabalho e às práticas de supervisão (Pinazza, 2013).

O Grupo B foi constituído de oito profissionais sem um vínculo inicial, que não se conheciam, não faziam parte de nenhum grupo de estudos em específico, alguns já haviam se encontrado em formações na Diretoria Regional de Educação, três delas eram colegas, mas não integravam um mesmo grupo, diferentemente dos participantes no Grupo A.

O Grupo A compôs-se de profissionais com uma considerável experiência tanto na rede municipal como na educação infantil. O fato de se disporem a participar de um grupo de estudos mensal dentro da academia sugere que buscam alicerçar a sua formação e dar suporte à profissão. Tratam a coordenação pedagógica como um espaço de formação dos professores.

O Grupo B integrou profissionais com experiência na educação infantil, com diferentes formações e que buscam alicerçar sua formação nos órgãos centrais da rede municipal. Esses participantes veem a coordenação pedagógica como articuladora para melhoria das práticas, ligada ao fazer pedagógico, e o CP como um profissional que contribui com a formação e busca o seu desenvolvimento profissional.

As discussões geraram grande quantidade de material entre gravações de vídeo e áudio. Sendo assim, a triangulação de dados baseou-se na interpretação desse material, suscitando a composição de categorias de análise, juntamente com a interlocução dos estudos anteriores sobre a temática e com as disposições legais que tratam da formação e da profissão de coordenador pedagógico.

Em uma visão ampla, o debate possibilitou a produção de conhecimentos relativos aos saberes dos coordenadores pedagógicos relacionados à formação inicial e contínua, à atuação desse profissional e às atribuições e demais relações implicadas na atuação da coordenação. Deste ponto, destacam-se as duas categorias centrais, emergentes da análise de conteúdo, provenientes dos relatos orais nos grupos focais: a primeira, relativa à natureza dos saberes da profissão e formação profissional; e a segunda, às vivências na profissão.

3. Com a palavra os coordenadores pedagógicos

A categoria sobre a natureza dos saberes da profissão e formação profissional refere-se a diferentes fontes de saberes — vindos da formação inicial, dos saberes da prática e da formação em serviço — inspirados nos pressupostos de Tardif (2002), quando expõe que os saberes profissionais parecem ser plurais, compósitos e heterogêneos. Segundo este autor, os conhecimentos e as manifestações do saber-fazer e do saber-ser dos profissionais acabam por ser bastante diversificados e decorrentes de diversas fontes, nas quais se supõe que a natureza também seja diferente, ou seja, diante do pluralismo do saber profissional ele propõe um modelo tipológico com o intuito de classificar esses saberes e evidencia que "[...] nesse sentido, o saber profissional está, de um certo modo, na confluência entre várias fontes de saberes provenientes da história de vida individual, da sociedade, da instituição escolar, dos outros atores educativos, dos lugares de formação, etc." (Tardif, 2002, 64).

A categoria de vivências na profissão reúne os aspectos intrínsecos do profissional da coordenação pedagógica referentes às especificidades do trabalho na educação infantil; aos processos relacionais da coordenação pedagógica com a equipe; à supervisão de práticas e ao desenvolvimento profissional da equipe; à constituição do projeto pedagógico e dos planos de ação; ao desenvolvimento das práticas educativas da instituição; à relação com o diretor; à relação com os demais membros da equipe gestora; à atuação profissional face às demandas institucionais. Assim como Tardif (2002, 68), compreende-se que "[...] o desenvolvimento do saber profissional é associado tanto às suas fontes e [aos seus] lugares de aquisição quanto aos seus momentos e [às] fases de construção [...]". Dessa perspectiva, a experiência de trabalho e as vivências dos profissionais são fontes de conhecimentos e de aprendizagens, e a construção desses saberes decorre, também, da própria carreira profissional.

Desta perspectiva, Tardif (2002) esclarece que há diferentes naturezas de saberes do profissional da educação inspirados pelos seus pressupostos no eixo de análise "natureza dos saberes da profissão e formação profissional", no qual se destacam os seguintes saberes: os provenientes da formação inicial; os obtidos da formação contínua e os advindos de aprendizagens experienciais na profissão. Esses levantamentos evidenciaram questões intrínsecas à formação desses profissionais voluntários e as lacunas existentes.

No que tange à análise desses dados, em relação ao perfil do CP, algumas questões levantadas pelos grupos merecem destaque, são elas: o envolvimento nas atribuições do cargo, isto é, o compartilhamento com assuntos burocráticos e administrativos; o descompasso na busca pela legitimação do papel do CP e as exigências cotidianas; a identidade profissional; a dificuldade de apropriação de conhecimentos específicos para sua atuação e formação; as relações com os grupos na formação nas unidades; o desgaste emocional nas relações interpessoais com diretores, professores e famílias.

Essas reflexões são pontuadas nas investigações de Placco e Almeida (2012b, 2012c, 2015), quando analisam os coordenadores pedagógicos e sua atuação nas diversas modalidades. Dessa perspectiva, a complexidade de uma gestão democrática, participativa e coletiva desafia esse profissional.

Referente a uma das indagações dessa investigação — a de como os CPs percebem a sua formação para a docência e para atuar no cargo de CP —, observou-se que os dois grupos — A e B —, assim como os autores citados na pesquisa, questionam a qualidade da formação inicial específica destinada aos profissionais da educação infantil, tanto a do professor como a do coordenador pedagógico. Os CPs relatam que a formação se mostra superficial quanto às discussões relacionadas à primeira infância, principalmente as relativas aos bebês, ficando sob a responsabilidade do próprio CP, ou seja, em uma busca individual, o preenchimento dessas lacunas.

Assim como a formação inicial, a formação continuada dos professores e a dos coordenadores pedagógicos na educação infantil requerem investimentos consistentes, uma vez que a formação continuada dos professores não garante maior interlocução com a prática no contexto de atuação dos profissionais; e a dos CPs não tem ações específicas aos profissionais de carreira atuantes na educação infantil.

De acordo com os entrevistados, os saberes mobilizados no exercício da profissão de CP, verificados no decorrer da pesquisa, são relacionados aos saberes necessários ao CP e à formação desse profissional; à formação dos professores em serviço; às atribuições do CP nas unidades de educação infantil como liderança pedagógica formativa e a legitimação desta; à falta de parceria com o diretor; às demandas burocráticas e administrativas; à carência de conhecimentos sobre as metodologias de formação; à constituição de grupo; aos registros e às devolutivas; à especificidade do trabalho e das questões da infância; aos saberes quanto à qualificação, supervisão e mediação de práticas; à formação oferecida pelos órgãos centrais e à apropriação da política pública de educação municipal.

No eixo de análise "vivências na profissão", evidenciou-se como esses profissionais dos grupos focais vivem a profissão como CPs, quais as percepções sobre o seu trabalho e as suas atribuições no cotidiano das instituições de educação infantil. Ressaltam-se as seguintes questões: a coordenação pedagógica de instituições de educação infantil, em que são expostas as especificidades do trabalho de CP nas unidades de educação infantil em contraste com outras etapas educacionais; a coordenação pedagógica diante da equipe de professores que englobaram os processos relacionais da coordenação pedagógica com a equipe; os processos formativos, a supervisão de práticas e o desenvolvimento profissional da equipe; a constituição do projeto pedagógico e dos planos de ação e o desenvolvimento das práticas educativas da instituição; a coordenação pedagógica como integrante da equipe gestora, com destaque para a relação com a direção; a relação com os demais membros da equipe gestora e o papel face às demandas institucionais. Pelas narrativas, as vivências na profissão são desafios que mobilizam e exigem um posicionamento do CP na educação infantil e permitem a construção de outros saberes inerentes ao exercício profissional.

Pela voz dos coordenadores, a formação dos professores requer do CP a devida relação entre teoria e prática, a metodologia de formação de professores, o equilíbrio diante das demandas formativas, a constituição dos grupos de formação e a orientação de acordo com a política educacional dos órgãos centrais. Porém os subsídios para a formação e constituição dos saberes do CP não acontecem em sintonia com essas exigências, como evidencia Pinazza (2014, 155) quando expõe a "[...] necessidade de prover programas de formação de lideranças de instituições de educação infantil e de ampliar as investigações sobre o trabalho desenvolvido por esse segmento profissional [...]".

A formação centrada na escola, a formação contínua em serviço e, portanto, um investimento no desenvolvimento profissional e organizacional demandam disposição, engajamento da equipe e busca comum da comunidade educativa pela mudança (Pinazza, 2013, 2014). A qualidade das práticas na unidade e a formação dos profissionais não dependem somente do CP, mas são de responsabilidade das lideranças formais, em parceria e colaboração com toda a comunidade (Fullan; Hargreaves, 2000).

A formação em contexto permite que as lacunas da formação na perspectiva da educação infantil, a constituição de saberes, a prática e a reflexão, a exigência de um trabalho com as famílias sejam ressignificados com as ações e práticas desenvolvidas pela própria unidade (Oliveira-Formosinho, 2016).

Em relação ao cargo de CP, verificou-se que a liderança do CP está, ou não, vinculada à legitimação deste profissional pelo grupo em que atua e a como este desencadeia sua atuação, a qual tem relação direta com a formação oferecida aos professores. Nesse processo, o apoio formativo ao CP, as relações individuais e grupais na unidade para o desenvolvimento de processos e ações se tornam essenciais.

Essas constatações são apontadas por Pinazza (2014, 156), quando este expõe os processos colaborativos entre as instâncias e a necessidade do provimento do "[...] suporte das esferas governamentais para que possam ganhar potência transformadora dentro da unidade e para além dela, inspirando políticas públicas para a educação infantil [...]".

A pesquisa revelou uma fragilidade tanto na formação do CP como na formação oferecida em serviço pelo próprio CP. Como ressaltam os entrevistados, não é possível encontrar meios para formar uma equipe se o CP não tiver os saberes necessários.

Os instrumentos metodológicos de formação são meios formativos a serem apropriados e desenvolvidos pelo coordenador pedagógico em suas práticas (Fujikawa, 2012). O Grupo A mostrou ter conhecimento desses recursos para a formação, mas alguns relataram dificuldades na implementação, no acompanhamento e na utilização destes como ferramentas na formação. Todos os CPs do grupo B mencionaram que sentem dificuldades, seja na elaboração da documentação pedagógica ou até mesmo na orientação aos professores, e apontam alguns possíveis impeditivos, são eles: dificuldades na gestão do tempo; carência de hábito de efetuar registro como fonte de reflexão; falta de saberes para intervir nos registros voltados à formação e para elaborar devolutivas consistentes; exigências de registros burocráticos pela administração; dificuldades na qualificação da documentação pedagógica, falta de ação coletiva e participativa em contexto.

Nesse sentido, os participantes entrevistados apontam questões relacionadas à estrutura organizacional que, por vezes, dificultam uma gestão democrática e voltada à formação, assim como o desenvolvimento institucional da unidade. Eles referem falta de articulação com a equipe gestora, sobrecarga de tarefas designadas ao CP, seja nas ações formativas ou de funcionamento da unidade, conforme apontado nos estudos de Souza, Petroni e Dugnani (2015). O Grupo B enfatizou essa questão apontando que os profissionais nas unidades veem o CP como um profissional "bombril", apto a desempenhar qualquer função, resolver qualquer problema e que "sabem de tudo", prontos a "[...] atender à solicitação desde onde está o álcool até como eu resolvo o problema do deficiente [...]", e finaliza: "[...] é dos extremos, o pessoal não sabe o nosso papel na escola [...]". Diante dos desafios, narram que alguns profissionais acabam por se voltar às questões burocráticas e administrativas como meio de se desvencilhar das exigências a eles imposta e deixam a formação em segundo plano.

Esta pesquisa revelou, mediante os depoimentos dos participantes, que, nos projetos institucionais de formação, o papel formativo, por intermédio do CP como promotor de desenvolvimento profissional e organizacional, esteve incorporado de maneiras bem distintas nos relatos dos componentes dos Grupos A e B. O primeiro grupo apoia sua formação no lócus da universidade em um grupo de estudo com pesquisadoras, juntamente a outros parceiros gestores, num percurso formativo consolidado. O segundo, o grupo B, apoia-se na formação desencadeada e organizada por intermédio dos órgãos centrais; os CPs tecem críticas à estrutura das formações. Endossam as afirmações de Zeichner (2008) quando diz que essas formações não atingem o cerne das questões, pois se tornam "pacotes" de ações, programas e temáticas que devem ser trabalhadas nas escolas pelos professores, os quais se veem no papel passivo, meramente técnico, em sua atuação de reprodutores de algo pensado por outro. Os próprios participantes evidenciaram a fragilidade dos saberes e a diversidade de desafios.

Com esses dados, considerou-se relevante pontuar as conclusões dos autores Formosinho e Machado (2009) sobre o processo de intervenção nas organizações escolares quando estes relatam a necessidade de romper a lógica reprodutora e uniformizadora da formação, as dissociações entre a formação e o trabalho, a divisão entre os que pensam a ação e os que a executam, entre a necessidade e os carentes de algo; é preciso "[...] incentivar o formando a tornar-se ele mesmo autor de sua própria formação, concebida numa lógica de formação ao longo da vida e perspectivada como educação de adultos [...]", e conclui: "[...] é assinalar dissociações entre os *discursos sobre* formação e as *práticas de* formação [...]" (Formosinho; Machado, 2009, 149, itálicos dos autores).

Os dois grupos trouxeram questões intrínsecas às especificidades do que seja a educação da primeira infância na rede municipal. Vale destacar os apontamentos do Grupo A sobre a diversidade da rede, ao elencar as diferenças entre os profissionais e as unidades nas regiões de São Paulo. Desse modo, a rede municipal é diversa, com peculiaridades e necessidades bem distintas; cada unidade é um contexto potencialmente vivo e dinâmico, com uma cultura própria.

Deste ponto de vista, ratificam-se os pressupostos de Oliveira-Formosinho (2002a, 2002b) relacionados ao supervisor de práticas, transposto nesta investigação para o coordenador pedagógico na educação infantil, compreendendo que este profissional, para formar os professores, requer, ele próprio, ter desenvolvido as competências profissionais necessárias em permanente aprendizagem e desenvolvimento, com uma atitude interiorizada de se encontrar em formação continuamente.

De acordo com os pressupostos teóricos e os dados decorrentes da análise, acredita-se que a formação em contexto — visando ao desenvolvimento profissional, à supervisão de práticas e à mediação dos processos na unidade, de forma ecológica (Pinazza, 2014) —, requer dos CPs uma liderança pedagógica com propriedade de conhecimentos relativos à educação infantil e sobre o funcionamento e a organização da unidade. Além disso, eles precisam conhecer seu grupo de professores, articular a parceria com as famílias, ter uma essência participativa de modo que possam orientar os processos de ação, ter habilidade nas relações com paciência, amabilidade e equilíbrio.

Contudo o processo formativo e pedagógico a ser desenvolvido requer coparticipação, corresponsabilidade e compartilhamento de princípios, valores e metas por parte da comunidade educativa, para que sejam valorizados os profissionais e seus saberes, que se queira efetivamente desenvolvê-los, pois somente assim poderá ocorrer um verdadeiro crescimento coletivo.

Essa articulação com a equipe gestora, na perspectiva da liderança democrática com autenticidade, demanda uma visão social e cultural do contexto por parte dos CPs, que devem estar dispostos a direcionar, a formar os professores, para o bem-estar da equipe. Ela requer que os CPs transformem os problemas e obstáculos em possibilidades e que novas perspectivas sejam mobilizadas; que tenham perspicácia para influenciar, agregar, instruir, estimular, aprender e empreender para a mudança; que, assim como os professores, os CPs invistam na sua formação ao longo da vida, como profissional de carreira, com uma posição ativa diante do desenvolvimento de suas próprias competências.

Pelas narrativas dos CPs, os integrantes do Grupo A buscam, na universidade, no grupo de estudos, no qual participam, o apoio formativo de que carecem; e os componentes do grupo B problematizaram as formações oferecidas e colocaram aspectos importantes para repensar os momentos de formação para CPs de educação infantil. Entretanto, outra possibilidade para resolução das dificuldades da profissão, fruto das indagações deste estudo e das colocações apresentadas pelos CPs, diante das vivências e da relação para além da unidade, com os órgãos centrais, seria que as equipes pedagógicas das Diretorias Regionais de Educação implementassem um plano de ação consistente aos coordenadores ingressantes, tanto de acompanhamento como de formação de formadores, com conteúdos metodológicos e específicos aos diferentes níveis da educação básica, em especial aos coordenadores pedagógicos de educação infantil de creches e pré-escolas, que focasse na ação do profissional no seu contexto de atuação com apoio e acompanhamento dos supervisores das unidades educacionais.

Construir esse espaço de formação para ingressantes e de acompanhamento formativo sistemático aos CPs em serviço é fundamental para o apoio aos professores dos diferentes níveis, não somente aos de educação infantil, que se veem um dia como especialistas da sua área e no outro como coordenadores pedagógicos, responsáveis pela formação de outros profissionais.

Os diálogos e as discussões propostos revelaram questões subjetivas inerentes ao lugar da coordenação pedagógica nas unidades de educação infantil na rede municipal de São Paulo. Pontuaram questões complexas sobre o funcionamento, a organização, a infraestrutura e os recursos humanos das unidades que independem da coordenação pedagógica, mas que influenciam diretamente no exercício da profissão, tais como o fato de haver professores que não participam de formação coletiva em serviço, a rotatividade dos professores nas unidades, as formações com o simples objetivo de promoção na carreira, a quantidade excessiva de crianças por turma, a existência de um único CP independentemente do número de turmas.

Nos momentos das discussões, houve troca de saberes e experiências sobre os processos e vivências dos coordenadores pedagógicos em suas unidades que resultaram em uma gama de assuntos e questionamentos que foram analisados da perspectiva do quanto impactam a atuação desse profissional, tendo em vista o lócus, a educação infantil na rede do município de São Paulo, assim como proporcionaram maior compreensão entre os participantes do que seja ser coordenador pedagógico neste contexto.

Os desafios e as necessidades apontados pelos CPs denotam, por um lado, um discurso pautado em dificuldades; mas, por outro, mostram que estes profissionais estão ávidos por realizar um bom trabalho, por pensar as formações a fim de colaborar com o trabalho dos professores. Percebe-se que os CPs querem dar apoio aos professores com suas indagações e seus dilemas da profissão, querem mostrar o encantamento que é lidar com os bebês e com as crianças, pois os professores merecem ser tratados com sensibilidade e respeito e, para tanto, nas palavras dos CPs, devem "amolecer" o que está endurecendo em decorrência dos inúmeros percalços que surgem no exercício da profissão.

Por fim esta pesquisa expôs a necessidade de políticas públicas em todas as instâncias de formação específica inicial e contínua do coordenador pedagógico de educação infantil e em serviço promovida pelos órgãos centrais ou favorecida por eles, assim como de repensar as atribuições do cargo neste contexto, para que se possa viabilizar uma parceria real entre os membros da equipe gestora, incluindo o supervisor escolar, na perspectiva de uma instituição democrática, dialógica, plural e crítica.

Referências bibliográficas

ALMEIDA, L. R.; PLACCO, V. M. N. S. *O coordenador pedagógico e o espaço da mudança*. São Paulo: Loyola, 2001.

_____. (Org.). *O coordenador pedagógico e questões da contemporaneidade*. São Paulo: Loyola, 2012.

BARBOUR, R. *Grupos focais*. Tradução: Marcelo Figueiredo Duarte. Porto Alegre: Artmed, 2009.

BARDIN, L. *Análise de conteúdo*. Lisboa: Edições 70, 1977.

BARRETO, A. M. R. F. Introdução: Por que e para que uma política de formação profissional de educação infantil? In: *Por uma política de formação profissional de educação infantil*. Brasília: MEC/SEF/DPE/COEDI, 1994.

BARRETO, A. M. R. Educação Infantil no Brasil: desafios colocados. In: *Grandes políticas para os pequenos*. Cadernos CEDES, n. 37, Campinas (SP), 1995.

BENACHIO, M. N.; PLACCO, V. M. N. S. Desafios para a prática da formação continuada em serviço. In: PLACCO, V. M. N. S.; ALMEIDA, L. R. (Org.). *O coordenador pedagógico*: provocações e possibilidades de atuação. São Paulo: Loyola, 2012.

BRUNO, E. B. G.; ABREU, L.C. O coordenador pedagógico e a questão do fracasso escolar. In: ALMEIDA, L. R.; SOUZA, V. M. N. (Org.). *O coordenador pedagógico e questões da contemporaneidade*. São Paulo: Loyola, 2012.

CAMPOS, M. M. A legislação e as políticas nacionais de educação infantil e a realidade: desencontros e desafios. In: MACHADO, M. L. de A. (Org.). *Encontros e desencontros em educação infantil*. São Paulo: Cortez, 2005.

_____. Educar e cuidar: questões sobre o perfil do profissional de educação infantil. In: MEC/SEF/COEDI. *Por uma política de formação profissional de educação Infantil*. Brasília: MEC/SEF/DPE/COEDI, 1994.

CARLOS, R. B.; PLACCO, V. M. N. S. Em busca de uma formação para a transformação: um estudo realizado com o CEFAPRO de Cáceres/MT. In: PLACCO, V. M. N. S.; ALMEIDA, L. R. (Org.) *O coordenador pedagógico no espaço escolar*: articulador, formador e transformador. São Paulo: Loyola, 2015.

COSTA, M. E. B. Grupo Focal. In: DUARTE, J.; BARROS, A. (Org.). *Métodos e técnicas de pesquisa em comunicação*. São Paulo: Atlas, 2005.

DAY, C. *Desenvolvimento profissional de professores*: os desafios da aprendizagem permanente. Porto: Porto Editora, 2001.

FARIA, A. L. G. de. (Org.). *O coletivo infantil em creches e pré-escolas*: falares e saberes. São Paulo: Cortez, 2007.

FORMOSINHO, J. (Coord.). *Formação de professores*: aprendizagem profissional e acção docente. Porto: Porto Editora, 2009.

FORMOSINHO, J.; MACHADO, J. Professores na escola de massas. Novos papéis, nova profissionalidade. In: FORMOSINHO, J. (Coord.). *Formação de professores*: aprendizagem profissional e acção docente. Porto: Porto Editora, 2009.

FUJIKAWA, M. M. O coordenador pedagógico e a questão do registro. In: ALMEIDA, L. R.; SOUZA, V. M. N. (Org.). *O coordenador pedagógico e questões da contemporaneidade*. São Paulo: Loyola, 2012.

FULLAN, M.; HARGREAVES, A. *A escola como organização aprendente*: buscando uma educação de qualidade. Porto Alegre: Artes Médicas Sul, 2000.

_____. *Por que é que vale a pena lutar?* Porto: Porto Editora, 2001.

FULLAN, M. *Liderar numa cultura de mudança*. Porto: ASA, 2003.

GATTI, B. A. *Grupo focal na pesquisa em ciências sociais e humanas*. Brasília: Líber Livro, 2005.

GÓMEZ, G. R.; FLORES, J. G.; JIMÉNEZ, E. G. *Metodología de la investigación cualitativa*. Granada: Ediciones Aljibe, 1996.

GONDIM, S. M. G. Grupos focais como técnica de investigação qualitativa: desafios metodológicos. Ribeirão Preto: Paidéia, v. 12, n. 24, 2003. Disponível em: http://www.scielo.br/scielo.php?script=sci_arttext&pid=S0103-863X2002000300004. Acesso em: jan. 2016.

GUIMARÃES, V. S. O grupo focal e o conhecimento sobre identidade profissional dos professores. In: PIMENTA, S. G.; GHEDIN, E.; FRANCO, M. A. S. (Org.). *Pesquisa em educação*: alternativas investigativas com objetos complexos. São Paulo: Loyola, 2006.

HARGREAVES, A. *Os professores em tempos de mudanças*: o trabalho e a cultura dos professores na idade pós-moderna. Lisboa: McGraw Hill, 1994.

HARGREAVES, A.; FINK, D. *Liderança sustentável*: desenvolvendo gestores da aprendizagem. Porto Alegre: Artmed, 2007.

HARRIS, B. M. Paradigmas e parâmetros da supervisão em educação. In: OLIVEIRA-FORMOSINHO, J. (Org.) *A supervisão na formação de professores II*: da organização à pessoa. Porto: Porto Editora, 2002.

KISHIMOTO, T. M. Encontros e desencontros na formação dos profissionais de educação infantil. In: MACHADO, M. L. de A. (Org.). *Encontros e desencontros em educação infantil*. São Paulo: Cortez, 2005.

KRAMER, S. Currículo de educação infantil e a formação dos profissionais de creche e pré-escola: questões teóricas e polêmicas. In: *Por uma política de formação profissional de educação infantil*. Brasília: MEC/SEF/DPE/COEDI, 1994.

_____. Formação de profissionais de educação infantil: questões e tensões. MACHADO, M. L. de A. (Org.). *Encontros e desencontros em educação infantil*. São Paulo: Cortez, 2005.

_____. *Profissionais de educação infantil*: gestão e formação. (Org.) São Paulo: Ática, 2008.

NÓVOA, A. *A formação contínua entre a pessoa-professor e a organização-escola*. Lisboa: Educa, 2002.

_____. (Coord.). *Os professores e a sua formação*. Lisboa: Dom Quixote, 1995.

_____. Os professores na virada do milênio: do excesso dos discursos à pobreza das práticas. *Educação e pesquisa*, São Paulo, v. 25, n. 1, 11-20, jan.-jun., 1999.

OLIVEIRA, Z. M. R. de. A Universidade na formação dos profissionais de educação infantil. In: *Por uma política de formação profissional de educação infantil*. Brasília: MEC/SEF/DPE/COEDI, 1994.

_____ (Org.). *Educação infantil*: muitos olhares. São Paulo: Cortez, 2001.

_____. *Educação infantil*: fundamentos e métodos. São Paulo: Cortez, 2005a. (Coleção Docência em Formação).

OLIVEIRA-FORMOSINHO, J. (Org.). *A supervisão na formação de professores I*: da sala à escola. Porto: Porto Editora, 2002a.

_____. *A supervisão na formação de professores II*: da organização à pessoa. Porto: Porto Editora, 2002b.

_____. O desenvolvimento profissional das educadoras de infância: entre os saberes e os afetos, entre a sala e o mundo. In: OLIVEIRA-FORMOSINHO, J.; KISHIMOTO, T. M. (Org.). *Formação em contexto*: uma estratégia de integração. São Paulo: Pioneira Thomson Learning, 2002c.

_____. O desenvolvimento profissional das educadoras de infância: entre os saberes e os afectos, entre a sala e o mundo. MACHADO, M. L. de A. (Org.). *Encontros e desencontros em educação infantil*. São Paulo: Cortez, 2005.

_____. Pedagogia(s) da infância: reconstruindo uma práxis de participação. In: OLIVEIRA-FORMOSINHO, J.; KISHIMOTO, T. M.; PINAZZA, M. A. (Org.). *Pedagogia(s) da infância*: dialogando com o passado: construindo o futuro. Porto Alegre: Artmed, 2007.

_____. Desenvolvimento profissional dos professores. In: FORMOSINHO, J. (Coord.). *Formação de professores* — aprendizagem profissional e acção docente. Porto: Porto Editora, 2009.

_____. A formação em contexto: a mediação do desenvolvimento profissional praxiológico. In: CANCIAN, V. A; GALLINA, S. F. da S.; WESCHENFELDER, N. (Org.). *Pedagogias das infâncias, crianças e docências na educação infantil.* UFSM, Centro de Educação, Unidade de Educação Infantil Ipê Amarelo. Brasília: Ministério da Educação, SEB, 2016.

OLIVEIRA-FORMOSINHO, J.; KISHIMOTO, T. M. (Org.). *Formação em contexto*: uma estratégia de integração. São Paulo: Pioneira Thomson Learning, 2002.

PINAZZA, M. A. *Formação de profissionais de educação infantil em contextos integrados*: informes de uma investigação-ação. 2014. 408 p. Tese (livre-docência em Educação) — Faculdade de Educação. Universidade de São Paulo, São Paulo, 2014.

_____. Formação profissional e práticas de supervisão em contextos. In: CARVALHO, A. M. P. (Org.). *Formação de professores*: múltiplos enfoques. São Paulo: Editora Sarandi, 2013.

PLACCO, V. M. N. S. O coordenador pedagógico no confronto com o cotidiano da escola. In: PLACCO, V. M. N. S.; ALMEIDA, L. R. (Org.). *O coordenador pedagógico e o cotidiano da escola.* São Paulo: Loyola, 2012.

PLACCO, V. M. N. S.; ALMEIDA, L. R. O sucesso da coordenação pedagógica no Projeto Classes de Aceleração. In: ALMEIDA, L. R.; PLACCO, V. M. N. S. *O coordenador pedagógico e o espaço da mudança.* São Paulo: Loyola, 2001.

_____. Apresentação. In: PLACCO, V. M. N. S.; ALMEIDA, L. R. (Org.). *O coordenador pedagógico*: provocações e possibilidades de atuação. São Paulo: Loyola, 2012a.

PLACCO, V. M. N. S.; ALMEIDA, L. R. (Org.). *O coordenador pedagógico*: provocações e possibilidades de atuação. São Paulo: Loyola, 2012b.

_____. *O coordenador pedagógico e o cotidiano da escola.* São Paulo: Loyola, 2012c.

PLACCO, V. M. N. S.; ALMEIDA, L. R.; SOUZA, V. L. T. Retrato do coordenador pedagógico brasileiro: nuanças das funções articuladoras e transformadoras. In: PLACCO, V. M. N. S.; ALMEIDA, L. R. (Org.). *O coordenador pedagógico no espaço escolar*: articulador, formador e transformador. São Paulo: Loyola, 2015.

PLACCO, V. M. N. S.; ALMEIDA, L. R. (Org.). *O coordenador pedagógico no espaço escolar*: articulador, formador e transformador. São Paulo: Loyola, 2015.

PLACCO, V. M. N. S.; SILVA, S. H. S. A formação do professor: reflexões, desafios e perspectivas. In: BRUNO, E. B. G.; ALMEIDA, L. R.; CHRISTOV, L. H. S. *O coordenador pedagógico e a formação docente.* São Paulo: Loyola, 2003.

ROCHA, E. A. C. Infância e pedagogia: dimensões de uma intrincada relação. *Perspectiva*. Florianópolis, v. 15, n. 28, 21-33, jul.-dez. 1997. Disponível em: http://www.periodicos.ufsc.br/index.php/perspectiva/article/view/10628/10162. Acesso em: 10 fev. 2013.

_____. *A pesquisa em educação infantil no Brasil*: trajetória recente e perspectiva de consolidação de uma pedagogia. 1998. 582 p. Tese (Doutorado) — Universidade Estadual de Campinas, Campinas (SP), 1998.

_____. Infância e educação: delimitações de um campo de pesquisa. *Educação, Sociedade e Culturas*, n. 17, 2002, 67-88. Disponível em: http://www.fpce.up.pt/ciie/revistaesc/ESC17/17-3.pdf. Acesso em: 16 mar. 2013.

_____. 30 anos da educação infantil na Anped. In: SOUZA, G. de (Org.). *Educar na infância*: perspectivas histórico-sociais. São Paulo: Contexto, 2010.

ROSEMBERG, F. Formação do profissional de educação infantil através de cursos supletivos. In: *Por uma política de formação profissional de educação infantil*. Brasília: MEC/SEF/DPE/COEDI, 1994.

_____. Do embate para o debate: educação e assistência no campo da educação infantil. MACHADO, M. L. A. (Org.). *Encontros e desencontros em educação infantil*. São Paulo: Cortez, 2005.

_____. A LBA, o Projeto Casulo e a Doutrina de Segurança Nacional. In: FREITAS, M. C. de. (Org.). *História social da infância no Brasil*. São Paulo: Cortez, 2006.

_____. Educação infantil pós-Fundeb: avanços e tensões. In: SOUZA, G. de (Org.). *Educar na infância*: perspectivas histórico-sociais. São Paulo: Contexto, 2010.

SÃO PAULO (SP). Decreto n. 54.453, de 10 de outubro de 2013, que fixa as atribuições dos profissionais da educação que integram as equipes escolares das unidades educacionais da rede municipal de São Paulo. *Diário Oficial da Cidade de São Paulo*, 10 out. 2013.

_____. Secretaria Municipal de Educação. Diretoria de Orientação Técnica. *Currículo Integrador da Infância Paulistana*. São Paulo: SME/DOT, 2015b.

_____. Secretaria Municipal de Educação. Diretoria de Orientação Técnica. *Indicadores de Qualidade da Educação Infantil Paulistana*. São Paulo: SME/DOT, 2016.

_____. Secretaria Municipal de Educação. Diretoria de Orientação Técnica. *Orientação Normativa n. 1*: avaliação na educação infantil: aprimorando olhares. São Paulo: SME. DOT, 2014.

_____. Secretaria Municipal de Educação. Diretoria de Orientação Técnica. *Padrões básicos de qualidade da Educação Infantil Paulistana*: Orientação Normativa n. 1/2015. São Paulo: SME. DOT, 2015a.

SOUZA, V. L. T. O coordenador pedagógico e o atendimento à diversidade. In: PLACCO, V. M. N. S.; ALMEIDA, L. R. (Org.). *O coordenador pedagógico e o cotidiano da escola*. São Paulo: Loyola, 2012.

SOUZA, V. L. T.; PETRONI, A. P.; DUGNANI, L. A. C. A dimensão do trabalho coletivo na escola: intervenções com a equipe gestora. In: PLACCO, V. M. N. S.; ALMEIDA, L. R. (Org.). *O coordenador pedagógico no espaço escolar*: articulador, formador e transformador. São Paulo: Loyola, 2015.

TARDIF, M. *Saberes docentes e formação profissional*. Petrópolis: Vozes, 2002.

ZEICHNER, K. M. Uma análise crítica sobre a "reflexão" como conceito estruturante na formação docente. *Educação e Sociedade*, Campinas, v. 29, n. 103, 535-554, maio-ago. 2008. Disponível em: http://www.scielo.br/scielo.php?pid=S0101-73302008000200012&script=sci_abstract&tlng=pt. Acesso em: jan. 2018.

ZUMPANO, V. A. A.; ALMEIDA, L. R. A atuação do coordenador pedagógico na educação infantil. In: PLACCO, V. M. N. S.; ALMEIDA, L. R. (Org.). *O coordenador pedagógico: provocações e possibilidades de atuação*. São Paulo: Loyola, 2012.

Conquistas e desafios do coordenador pedagógico dos ginásios vocacionais dos anos 60 e 70 para os professores coordenadores das escolas atuais

Moacyr da Silva[1]
rmoasilva@yahoo.com.br

Somos a favor do porte de livros, pois a melhor arma para salvar o cidadão é a educação.
(Marilena Umezu — coordenadora pedagógica, in memoriam)[2]

Neste capítulo procuro abordar e trazer à reflexão duas experiências que foram muito significativas nos ginásios vocacionais[3] e, posteriormente, muito discutidas na literatura pedagógica, e que são de extrema importância para as escolas atuais: o projeto político-pedagógico e a escola como espaço de formação continuada.

A princípio, quero ressaltar o pioneirismo dos vocacionais sobre estas questões, pois, somente na década de 80, vinte anos depois dos

---

1. Professor-doutor em Educação: Psicologia da Educação, PUC-SP. Coordenador de cursos de pós-graduação *lato sensu* do Centro de Pós-Graduação das Faculdades Oswaldo Cruz — São Paulo.
2. Marilena Umezu, coordenadora pedagógica assassinada na tragédia ocorrida na EEPSG Prof. Raul Brasil em 13/3/2019, em Suzano, estado de São Paulo. *Folha de S. Paulo*, caderno Cotidiano — B3.
3. Os ginásios vocacionais foram criados por intermédio da Lei n. 6.052/61. Para saber mais sobre os ginásios vocacionais, ver *Conversa com professores: do fundamental à pós-graduação*, de Newton César Balzan (ver referências ao final deste artigo).

Vocacionais, autores como Nóvoa (1995), Canário (1998), Alarcão (2001), Schön (2000), Zeichner (1993), entre outros, vêm expressar por meio de suas obras a importância pedagógica da escola como espaço de formação continuada.

Tantos anos após a experiência dos vocacionais, enfatizo ainda sua atualidade, expressa na Base Nacional Comum Curricular (BNCC) para todas as escolas brasileiras, a saber,

> valorizar e utilizar os conhecimentos historicamente construídos sobre o mundo físico, social, cultural e digital para entender e explicar a realidade, continuar aprendendo e colaborar para a construção de uma sociedade justa, democrática e inclusiva[4].

Parto desta diretriz para estabelecer uma analogia com a riqueza de elementos e atualidade que representam, após mais de quatro décadas, os ginásios vocacionais do estado de São Paulo.

Assim, neste capítulo, procuro resgatar alguns dos temas que foram significativos para a minha vivência como orientador pedagógico no Ginásio Estadual Vocacional João XXIII, da cidade de Americana, estado de São Paulo, e que ainda possam contribuir com o trabalho dos coordenadores pedagógicos das escolas atuais[5].

> No Vocacional temos como eixo uma pedagogia social crítica e transformadora porque tomamos a realidade social como conteúdo, a crítica permanente como metodologia e a transformação social como objetivo [...]. É uma pedagogia que valoriza as relações de sociabilidade como suporte de comunicação e a socialização como prática de partilha solidária, ao mesmo tempo que pretende situar o processo de avaliação como indicador de valores vivenciados e aprendidos (Mascellani, 2010, 104).

Ressalte-se, no entanto, que cada escola deste país continental com 5.500 municípios tem características e identidades muito

---

4. Base Nacional Comum Curricular (BNCC), 2017, 14.
5. Uma série de estudos, dissertações de mestrado, teses de doutorado, artigos, livros e filmes foi produzida a respeito dos vocacionais. Para saber mais, ver Newton Balzan, *Conversa com professores, do fundamental a pós-graduação*, São Paulo, Cortez Editora, 2015, 59-60.

específicas, sejam elas rurais ou urbanas, e podem estar em grandes centros, e nestes, podem ser centrais ou periféricas. Enfatizo esse aspecto para relatar que a criação de cada ginásio vocacional era precedida de uma pesquisa da comunidade.

Embora considerando a complexidade do contexto atual, a integração escola-comunidade precisa ser contemplada nos projetos pedagógicos das escolas, levando em conta essa proposta de uma pedagogia social e crítica se se pretende uma educação transformadora. Nos vocacionais, o planejamento curricular de cada unidade iniciava-se com uma pesquisa da comunidade, de capital importância para a elaboração do projeto político-pedagógico, no qual a atuação do coordenador era de suma importância.

> As pesquisas de comunidade foram de capital importância para o planejamento curricular [...] forneciam informações sobre valores, padrões de comportamento, costumes, expectativas e aspirações daqueles que constituiriam a sua futura clientela [...] (Mascellani, 2010, 105).

Implicitamente vinculadas às questões socioeconômicas e culturais resultantes da pesquisa da comunidade, outras muito relevantes como ética e cidadania, cultura e trabalho, educação sexual como parte da educação integral e do respeito mútuo às diferenças de gênero, direitos e deveres do cidadão, autonomia do aluno como agente de mudanças e sua participação na sociedade, entre outras, eram efetivamente trabalhadas em todos os momentos da vida escolar. Essas questões eram traduzidas nos objetivos gerais e específicos da escola, nos planos de ensino de cada professor, e faziam parte da agenda de cada orientador, educacional e pedagógico, todos comprometidos com a sua execução.

Após quatro décadas, nota-se ainda o quanto essas questões são atuais, pois são destaques na Base Nacional Comum Curricular, mais especificamente nas Competências Gerais da Educação Básica, propostas para todas as escolas brasileiras. O estudo, a análise e a reflexão por parte dos professores, mediados pelo coordenador pedagógico, é de fundamental importância para se pensar a realidade da escola atual.

E, retomando as questões da pesquisa da comunidade, sabemos das dificuldades que ora se apresentam, ou pelo tamanho da escola ou do bairro ou espaço geográfico em que está inserida. Mas, sem elevado grau de sofisticação, questionários podem ser aplicados a todos os alunos, ou por amostragem, com perguntas como aquelas apresentadas no vocacional, como: Quem são nossos alunos? Como vivem suas famílias? Quais são suas condições de vida? O que esperam da escola? De que forma podemos envolvê-los nos estudos?

E, para as escolas atuais, a pesquisa da comunidade, ou do contexto sociocultural, é de suma importância para a elaboração do projeto político-pedagógico. Muito se tem falado sobre o que no vocacional intitulávamos de planejamento global da escola.

Retomar esta questão é, como destacamos, de fundamental importância, pois o planejamento político-pedagógico vai nortear e desencadear todas as ações do processo educacional de cada unidade em cada ano letivo. Sua elaboração, geralmente coordenada pela equipe de direção (diretores, orientadores pedagógicos e educacionais), como ocorria nos vocacionais, na atualidade, pelo diretor e coordenador ou professor/ coordenador pedagógico, deve envolver todos os segmentos da escola: o coletivo de professores, representantes de alunos (o grêmio estudantil, quando houver), os pais (representados pela APM), os funcionários.

E por que todos os segmentos? Porque o projeto político-pedagógico é elaborado e desenvolvido com eles, como processo anual de trabalho, compreensão do seu significado para a construção da identidade de cada escola. No vocacional, este trabalho ocorria na semana que antecedia o início das aulas. Vale destacar que a equipe de direção e o coletivo de professores retomavam os dados decorrentes da pesquisa da comunidade, aprofundavam estudos de fundamentos teóricos e realizavam a análise de dados e gráficos de avaliação das classes dos anos anteriores.

Questionamentos são apresentados atualmente pelos atores das escolas sobre a dificuldade de realização de pesquisa da comunidade. Ressalto que essa pesquisa pode e deve ser simples, mas é indispensável para que a escola possa conhecer minimamente seus alunos e planejar suas ações. São, assim, fundamentais as questões que permitem saber o nível socioeconômico dos alunos, a escolaridade dos pais, como podem participar e contribuir com a vida da escola, os valores e as expectativas das famílias e de outras lideranças em relação à escola, principais instituições políticas e religiosas que com ela interagem, quem são os chamados líderes da comunidade. Em relação aos alunos, considerar a avaliação do ano anterior, com destaque para a evasão e a repetência.

São exemplos de questões, mas cada coordenador, com os professores, poderá elaborar instrumentos próprios para alcançar uma visão realista de cada escola. A exemplo do vocacional, em que se elaborava um planejamento real, para uma escola real, com práticas educativas, projetos e unidades pedagógicas a serem trabalhados ao longo do ano, visando avanços e alcance das expectativas em relação aos objetivos, às metas e diretrizes.

Vale enfatizar ainda a importância de considerar, na elaboração do projeto político pedagógico, questões como indisciplina, alunos que foram promovidos com sérias defasagens nos conteúdos de algumas disciplinas, falta de segurança nas escolas, entre outras. Discutidas as questões, o coletivo da escola deve apresentar propostas para saná-las, com o envolvimento de todos.

Para o estabelecimento dos objetivos gerais, vale considerar, principalmente para o contexto do Brasil de hoje, o que está expresso no Artigo 3º da Constituição de 1988[6], que, a respeito da República, assim dispõe:

> Art 3º Constituem objetivos fundamentais da República Federativa do Brasil:
> I — construir uma sociedade livre, justa e solidária;
> II — garantir o desenvolvimento nacional;
> III — erradicar a pobreza e a marginalização e reduzir as desigualdades sociais e regionais;
> IV — promover o bem de todos, sem preconceitos de origem, raça, sexo, cor, idade e quaisquer outras formas de discriminação.

---

6. Constituição da República Federativa do Brasil.

O texto da Lei Maior assegura ao educador atual as ideias centrais de uma escola pública, laica e de transformação social, como ocorria no vocacional muito antes da promulgação da nova Constituição. E como bem expressa Tamberlini,

> [...] almejava a formação para a cidadania e buscava sedimentar a valorização de conceitos como democracia, bem comum, cooperação etc. Pretendia educar pais e filhos a um só tempo, concebendo a escola como centro irradiador de mudanças: para tanto, recorria à pesquisa social com o intuito de conhecer a comunidade em que a escola estava inserida para poder transformá-la e contribuir para a elevação de seu nível social, cultural e humano (Tamberlini apud Rovai, 2005, 36).

Novamente vale enfatizar a importância de estabelecer os objetivos gerais, as metas, os projetos extraclasses e as atividades a ser desenvolvidas, bem como as avaliações periódicas e, principalmente, a síntese das avaliações ao término do ano letivo.

A partir da elaboração do projeto político-pedagógico, os professores vão elaborar os seus planos de ensino, dialogando com os colegas da disciplina que ministram e mediado pelo coordenador pedagógico (CP), em coerência com uma das diretrizes que assim estabelece:

> [...] Contextualizar os conteúdos dos componentes curriculares, identificando estratégias para apresentá-los, representá-los, exemplificá-los, conectá-los e torná-los significativos com base na realidade do lugar e do tempo nos quais as aprendizagens estão situadas[7].

Outra providência importante decorrente do projeto político-pedagógico diz respeito ao cronograma de atividades do CP com os professores e outros segmentos da unidade escolar, destacando-se a hora-atividade semanal. No vocacional, tínhamos o conselho pedagógico como importante espaço de formação continuada dos

---

7. Base Nacional Comum Curricular.

professores, o atendimento individual ou por grupo de professores das disciplinas, os conselhos de classe e série, acompanhamento e formação da classe, sua dinâmica e os grupos de estudos, as reuniões com os pais e mestres, entre outras.

Novamente a observação importante válida para a atuação do coordenador pedagógico atual e que reportamos ao ensino vocacional é a de que a escola deve ser um espaço privilegiado para a formação continuada. Como expressa Nóvoa (1995, 9), "não há ensino de qualidade, nem reforma educativa, nem inovação pedagógica, sem uma adequada formação de professores".

E as escolas atuais têm o espaço da hora-atividade para que o coletivo de professores com a mediação do coordenador pedagógico possa se desenvolver como profissional e como pessoa, como bem observa Canário (2000, 45):

> [...] Se é hoje irrecusável que os contextos de trabalho representam um elevado potencial formativo, a condição necessária para que esse potencial passe a virtualidade à realidade, isto é, para que a experiência se constitua em saber, é a de fazer do próprio exercício de trabalho objeto de reflexão e pesquisa, pelo que nele estarão diretamente implicados.

A formação continuada no vocacional, e o que propomos também para o contexto da escola atual, retomando Canário, deve se dar com base na realidade de cada escola, nas reais necessidades teóricas e práticas dos professores do seu projeto político-pedagógico. A escola como o lócus para o contínuo processo de troca de experiências permeado pelo diálogo, pelo questionamento, pela reflexão e, acima de tudo, pelo compromisso com o coletivo.

E novamente recorremos a Canário quando este afirma que:

> [...] a escola é habitualmente pensada como o lugar onde os alunos aprendem e os professores ensinam. Trata-se, contudo, de uma ideia simplista, não apenas os professores aprendem, como aprendem, aliás, aquilo que é verdadeiramente essencial, aprendem sua profissão (Canário, 1998, 1).

E o conselho pedagógico é ainda importante espaço para que os professores possam crescer em termos de cultura geral, analisando criticamente os principais problemas nacionais e internacionais. Na troca, no diálogo com seus parceiros, também cresce em relação aos conhecimentos específicos de sua disciplina e as melhores metodologias de como possibilitar a construção do conhecimento de seus alunos, como bem expressa Edgar Morin (in *Pimenta*, 1997, 58):

> Conhecimento não se reduz à informação, é seu primeiro estágio. O conhecer implica, em um segundo estágio, trabalhar com as informações, analisando-as, contextualizando-as e classificando-as. O terceiro estágio tem a ver com a inteligência, a consciência ou sabedoria. A consciência e a sabedoria envolvem reflexão, isto é, a capacidade de produzir novas formas de existência, de humanização (Morin, 1997, 58).

Este era o sistemático exercício com os professores nos conselhos pedagógicos e que resultava em atitudes de como trabalhar com os alunos suas diversas disciplinas. Vale ressaltar, ainda, que o CP e o coletivo de professores, no vocacional, entendiam o espaço do conselho pedagógico como o de verdadeiro exercício da cidadania, através dos domínios das categorias do aprender a conhecer, aprender a fazer, aprender a viver juntos, do compartilhar e do comprometer-se com o coletivo, como bem expressa Almeida (2000, 85):

> [...] na relação formador-formando, é preciso que ambos se expressem como pessoa. O dar ao outro a possibilidade de posicionar-se como pessoa significa aceitar que seu desempenho não depende tanto do que sabe, ou não sabe, mas do que é, de sua relação com o saber, com o aluno, com o colega, com a escola, com a profissão.

Uma questão bastante polêmica entre os professores nos conselhos das escolas atuais diz respeito ao uso da informática. Apesar da heterogeneidade de disposição de recursos das escolas, principalmente das escolas públicas do país, algumas sem a menor infraestrutura (com falta até de banheiro para os alunos), outras públicas e principalmente as particulares manifestam preocupação e trazem o tema para discussão e reflexão[8].

Nos vocacionais, os recursos eram outros — filmes, música, painéis —, posto que anteriores à era da informática que domina atualmente o mundo da comunicação. Os professores, na sua formação continuada, não podem ignorar esse debate. Muitos manifestam a preocupação de que os alunos recorram cada vez menos à leitura de textos, de artigos, dos capítulos de livros, quando solicitados, o que acarreta, segundo eles, perda lamentável da consciência crítica. Mas vivemos na era da informática e não podemos ignorá-lo, pois é nele que as crianças e os jovens de hoje estão inseridos. E como expressa Balzan:

> [...] Você poderá aproveitar as experiências que seus estudantes já têm em relação à informática e, longe de ignorá-las ou de adotar uma atitude de recusa ou distanciamento, expandi-las para além de seus estreitos horizontes, criando um sem-número de situações que contribuam para abrir suas cabeças, em direção a uma consciência crítica cada vez mais ampla (Balzan, 2015, 214).

Nesta era da informática, em que os alunos recorrem acriticamente aos diversos recursos da mídia digital — internet, YouTube, blogues e tantos outros meios que vão surgindo com extrema velocidade — e têm acesso a pesquisas e troca de um sem-número de informações a cada minuto (verdadeiras ou "fakenews"), a questão que se coloca é como fica o papel do professor. A resposta inicial, e o grande desafio dos educadores, diz respeito a como trabalhar as informações para que os alunos alcancem a construção do conhecimento, conforme bem expressa Pimenta:

---

8. A esse respeito, recomendamos as leituras do livro de Balzan, N. C. *Conversa com professores — do fundamental à pós-graduação*, Capítulo VII — Você na era da informática, e ainda o capítulo "Salas de aula informatizadas e conectadas: muros para quê?" do livro *Redes ou paredes — A escola em tempos de dispersão*, de Paula Sibilia (ver referências), que muito poderão contribuir para o debate.

[...] a finalidade da educação escolar na sociedade tecnológica, multimídia e globalizada é possibilitar que os alunos trabalhem os conhecimentos científicos e tecnológicos, desenvolvendo habilidades para operá-los, revê-los e reconstruí-los com sabedoria [...] (Pimenta, 1999, 23).

Assim, o debate do tema, sempre mediado pelo CP, que nos vocacionais era quem coordenava os conselhos pedagógicos, desafiando os professores a integrar os recursos da mídia para o desenvolvimento dos conteúdos específicos de sua disciplina ou ainda de uma forma interdisciplinar.

No complexo contexto do Brasil atual, coerente com o testemunho da coordenadora, expresso na epígrafe, os educadores devem assumir, como nos vocacionais, o compromisso com a construção de uma escola transformadora e emancipatória, formando alunos — cidadãos críticos, conscientes e reivindicadores de seus direitos, solidários e participativos na construção de um projeto social de dignidade para o bem comum, conforme assegura a Carta Magna.

Referências bibliográficas

ALARCÃO, Isabel. *Professores reflexivos em uma escola reflexiva*. São Paulo: Cortez, 2001.

ALMEIDA, Laurinda R. A dimensão relacional no processo de formação docente. In: BRUNO, Eliane B. G.; ALMEIDA, Laurinda; CHRISTOV, Luiza H. S. (Org.). O coordenador pedagógico e a formação docente. São Paulo: Loyola, 2000.

BALZAN, Newton Cesar. *Conversa com professores*: do fundamental à pós-graduação. São Paulo: Cortez, 2015.

BRASIL. Ministério da Educação. *Base Nacional Comum Curricular*. Disponível em: http://basenacionalcomum.mec.gov.br/. Acesso em: 20 fev. 2019.

CANÁRIO, Rui. *Educação de adultos*: um campo e uma problemática. Lisboa: Educa, 2000.

_____. A escola: lugar onde os professores aprendem. *Psicologia da Educação*, n. 6, 1998.

MASCELLANI, Maria Nilde. *Uma pedagogia para o trabalhador*. Rio de Janeiro: Editora Núcleo Piratininga de Comunicação, 2010.

NÓVOA, Antonio. *Os professores e sua formação*. 2ª ed. Lisboa: Dom Quixote, 1995.

PIMENTA, Selma G. *Formação de professores, os saberes da docência*. Educação em debate. Secretaria de Educação de Mauá (SP), 1997.

_____. (Org.). *Saberes pedagógicos e atividade docente*. São Paulo: Cortez, 1999.

SCHÖN, Donald A. *Educando o profissional reflexivo: um novo design para o ensino e aprendizagem*. Tradução de Roberto C. Costa. Porto Alegre: Artes Médicas Sul, 2000.

SIBILIA, Paula. *Redes ou paredes*: escola em tempos de dispersão. Rio de Janeiro: Contraponto, 2012.

TAMBERLINI, Ângela Rabello Maciel de Barros. Os ginásios vocacionais, a história e a possibilidade de futuro. In: ROVAI, E. (Org.). *Ensino Vocacional*: uma pedagogia atual. São Paulo: Cortez, 2005.

ZEICHNER, Kenneth M. A. *A formação reflexiva dos professores*: ideias e práticas. Lisboa: Educa, 1993.

O imponderável e o desejo de vida em comum: edificação de cultura da paz

Luiza Helena da Silva Christov[1]
luizachristov@gmail.com

1. Apresentação

Para pensar com coordenadores e coordenadoras as questões que emergem na escola, escolho um caminho que deriva de uma enorme e bem pavimentada autoestrada, a saber, o pensamento filosófico, em recortes da história do pensamento ocidental que contribuem, sem sombras de dúvidas, para pensarmos a experiência educacional e a experiência escolar em particular.

Nesse breve artigo, convidarei autores cujas contribuições alimentam nossa vontade de buscar um convívio para a vida e contra a violência.

O artigo divide-se em cinco partes, além dessa breve apresentação, que são identificadas com os seguintes subtítulos: esperança como devir ou o imponderável acontece; aproximações ao imponderável; ética como condição de vida em comum; escola como refúgio; e o coordenador pedagógico e a cultura da paz.

Espero, caros leitores, que vocês possam conversar com minhas palavras, discordando, concordando, recortando e enriquecendo o que faz sentido para cada um de vocês.

---

1. Professora colaboradora do Programa de Pós-Graduação do Instituto de Artes da Unesp e de A Casa Tombada — lugar de arte, cultura e educação.

2. Esperança como devir ou o imponderável acontece

No nosso dia a dia, aprendemos e incorporamos frases como:
Quem espera sempre alcança.
A esperança é a última que morre.
A esperança é o sonho do homem acordado.
Ainda não perdi a esperança.
Ele já desistiu, porque não tem mais esperança.
Tais frases contêm um complemento que nunca é explicitado, mas está presente:
Quem espera sempre alcança o **melhor resultado**.
A esperança é a última que morre, **porque temos fé nos melhores acontecimentos**.
A esperança é o sonho do homem acordado, pois esse sempre deseja o melhor para si mesmo.
Ainda não perdi a esperança, porque acredito que algo muito bom vai acontecer.
Ele já desistiu, porque não tem mais esperança **de ser curado, salvo e feliz**.

Ou seja, a palavra "esperança" em nossa cultura aparece sempre com alguma ideia de bem, de bom, de sucesso, de vida feliz.

Se buscarmos a origem etimológica latina da palavra esperança, encontraremos *spes*, que sugere espera aberta. A origem grega de esperança é *elpis* e sugere esperar o bem e o mal.

De onde herdamos, então, a imagem associada à esperança de que nossa espera só imagina uma boa situação, uma cura, uma conquista?

Poderíamos pensar que essa imagem foi colada em nossa experiência de espera porque não desejamos e não suportamos esperar o pior. O que é muito compreensível. E, juntamente com esse nosso desejo pelo melhor sempre, acolhemos a influência de religiões judaico-cristãs que marcam profundamente nossa cultura e associam esperança à condição de fé na existência após a morte, na proteção divina, e impregnam a palavra "esperança" do desejo pelo melhor.

Observando a realidade que nos cerca, apesar de acreditar com uma fé profunda no ser humano e em sua potência para ser e fazer o melhor de sua existência e à existência de outros seres humanos, o que vejo em diferentes territórios — escolas, cidades, país, planeta — é que melhor seria se pudéssemos esperar também o imponderável, o estranhamento, aquilo que nos espanta, aquilo que nos negamos a esperar. O futuro incerto, o movimento do presente para o instantaneamente novo, as imagens de um mundo líquido que pode assumir diferentes e surpreendentes configurações, como lembra Bauman (2003, 2009), provocaram minha hipótese de que nossa visão de esperança é um tanto romântica e pouco útil para enfrentarmos o imponderável. Passei a investigar concepções de esperança, que apresento brevemente nesse artigo.

O primeiro pensador que merece destaque no tratamento da palavra esperança é Heráclito, filósofo grego que viveu aproximadamente entre 540 e 470 a.C. Heráclito dizia que a esperança vive de horizontes e existe para quem caminha. Esperar é se colocar no caminho. Exige abertura para as surpresas do caminho, abertura para todas as possibilidades, incluindo a impossibilidade. E como ele entendia que a vida e o mundo estão em constante movimento, mudando permanentemente de configuração, desenvolveu a ideia de devir como a condição da própria vida e existência do mundo. O mundo como devir é o mundo como surpresa e imponderabilidade.

Filósofos contemporâneos como Guatari e Deleuze, franceses que viveram nos períodos de 1930-1992 e 1925-1995 respectivamente, desenvolvem esse entendimento do mundo como sempre novo, sempre surpreendente, como devir. Heráclito e Guatari e Deleuze nos ajudam a compreender a dinâmica de constante transfiguração que marca a vida social, política e cultural dos dias atuais.

Quanto mais cresce nossa consciência sobre a impossibilidade de prever e prescrever o mundo, aumenta nosso dilema sobre o que esperar ou sobre o que fazer com nosso desejo de um mundo melhor. Abraçar a ideia de esperança como devir é preparar-se para esperar o desconhecido, o efetivamente outro.

Todos nós educadores sabemos as surpresas que nos são oferecidas cotidianamente, quer seja pelos sistemas educacionais, quer seja no interior de cada escola, quer seja nos enfrentamentos e nas lutas para a construção de políticas públicas para qualificar educação, cultura e a sociedade de forma mais ampla. Todos nós entramos em contato, quer seja por meio de noticiários, ou de nossas próprias experiências, com a dura realidade de as escolas serem alvo de violência nunca imaginada, nunca esperada. Se realisticamente não podemos esperar apenas ações de não violência, ações de paz e bom convívio, como nos colocar a caminho de uma melhor sociedade, preparados para o imponderável, para aquilo que nos choca e causa estranhamento a ponto de ficarmos sem palavras, sem condições de conferir sentido a um acontecimento?

Como nos prepararmos para a possibilidade de um estudante que se evade, ou que excluímos mesmo sem intenção, agir com violência contra a escola, contra estudantes, funcionários, educadores? Após as tragédias contra escolas, nos perguntamos o que fazer depois, como recuperar confiança e tranquilidade, mas nos perguntamos, sobretudo, como evitar? O que fazer para acolher a todos de forma a não alimentarem ódio que se transforma em experiência de morte? Como garantir desejo de vida e de vida em comunhão, como dizia Paulo Freire? Como construir a vontade de edificação do espaço comum que protege e exige responsabilidades de cada um?

3. Aproximações ao imponderável

A experiência humana marcada por surpresas positivas e negativas incita os seres humanos a buscar respostas e sentidos para as tragédias e as benesses que surgem de situações inesperadas. Sentindo-se agraciados ou vitimados, buscamos compreender o que foge ao nosso controle. E quando outros seres humanos são portadores de gestos violentos contra outros seres humanos ou contra animais ou mesmo contra o meio ambiente, perguntamos: de onde vem tanta perversidade?

A pergunta fundamental que acompanha todo e qualquer projeto educacional, toda e qualquer intencionalidade da ação educativa, é como preparar crianças e jovens para serem pessoas não violentas, pessoas protetoras de si, do outro e do planeta? Ou, perguntando de outra forma: como incentivar o cuidado mútuo? As palavras cuidar e cuidado são fundamentais para serem retomadas pelos projetos educacionais.

O cuidado de si e com o outro exige, em primeiro lugar, que não tenhamos visões romanceadas ou distorcidas que negam nossa realidade e a do outro.

Diferentes filósofos e diferentes correntes da psicologia nos ensinam que cada um de nós é constituído por territórios cavernosos, por subterrâneos inconscientes e por aparato emocional que nos impulsiona para a vida e para a morte. Nossas cavernas mais profundas escondem nossas vaidades, nossos desejos de impor nossa existência acima de qualquer outra, nosso desejo de levar vantagens, nosso ímpeto de considerarmos os corpos fora do nosso como objetos a serem controlados a nosso favor. Nossos subterrâneos abarcam ainda nossos medos, ressentimentos, iras. E entrelaçamentos misteriosos que não acessamos, em nós mesmos e no outro. Vale a pena lembrar Montaigne: "Não há monstro nem milagre maior do que eu mesmo." (Montaigne, 1982).

Na melhor das sociedades e culturas teríamos em nós monstros e milagrosos, destruidores e salvadores. Por isso, também a tarefa educacional se repõe sempre, não se esgota e se preserva de geração em geração em diferentes culturas, para ensinar crianças e jovens, desde pequenos, a lidar com ímpetos, com iras, com nosso desejo de afirmar nossa vida em detrimento da vida externa a nós. A melhor das sociedades não extirparia o mal dos corações dos homens porque, mais uma vez, como lembra Montaigne em seu ensaio *O útil e o honesto* (obra citada nas referências bibliográficas), se extirparmos o mal do coração dos homens, eliminaremos o homem, o humano que há em cada homem e cada mulher. Pode parecer terrível essa afirmação, mas o autor quer nos lembrar de que nosso aparato emocional, que nos impulsiona para a vida e para a comoção com a vida, é da mesma natureza de nossos impulsos de ódio e vilania.

Se nas melhores sociedades e culturas, nas quais idealizamos que cada ser humano exista como cuidador de si, do outro e do planeta, sabemos que a natureza humana pode manifestar-se na plenitude de seus subterrâneos sombrios que podem agredir a si mesmo e ao outro, o que dizer das sociedades que alimentam o individualismo, a competição, os ressentimentos, a exclusão e o entendimento de que o outro é objeto de dominação?

O mundo contemporâneo vem se transformando a cada dia nesse cenário de exclusão e sofrimentos causados pelos seres humanos aos seres humanos e à natureza em geral. Um bom exemplo é nossa experiência trágica de Brumadinho, Minas Gerais.

Como tão bem nos ensina Bauman[2] ao longo de toda a sua obra, no mundo contemporâneo, a vida humana é transformada em objetos de consumo, e a lógica do mercado passa a contaminar todos os aspectos da cultura humana, transformando em mercadorias até mesmo aspectos das culturas tradicionais, pré-capitalistas, como a dos nossos povos indígenas.

E se considerarmos a contribuição de Achille Mbembe[3], teremos um panorama que permite entender o mundo atual como território de políticas que engendram a morte em escala acelerada, por meio de disputas territoriais, poluição desenfreada, desemprego, habitação de risco, feminicídios, enfim, tudo o que já nos acostumamos a ver nos noticiários e nas vizinhanças, se não em nossas tragédias pessoais. Uma sociedade que produz desejo de morte aliado ao desejo de consumo e lucro.

A desigualdade econômica e social crescente oferece imagens com as quais convivemos já em processo de naturalização; por exemplo, vemos o Vale do Anhangabaú, na cidade de São Paulo, repleto com 15 mil pessoas desempregadas a espera de preencher 6 mil vagas de emprego e não nos revoltamos em massa contra essa situação. Vemos os povos africanos serem dizimados e não nos revoltamos coletivamente em marchas e ações suficientemente fortes e extensas para pressionar dirigentes, gerentes, gestores, donos e subdonos responsáveis diretamente pela desigualdade.

E esta emerge em nossas escolas. Invade nossas salas de aulas.

---

2. Zygmunt Bauman (1925-2017), sociólogo polonês, autor de vasta obra que analisa o mundo contemporâneo.
3. Achille Mbembe (nascido em 1957) é um filósofo camaronês contemporâneo.

O que fazer? Enfrentar a luta no interior de nosso cotidiano junto às pessoas que nos cercam — as crianças, os jovens, os adultos. Enfrentar a luta no interior das cidades, dos países, junto aos coletivos que elegermos para tal enfrentamento. Recomendo para os educadores a participação no âmbito da Campanha Nacional pelo Direito à Educação: http://campanha.org.br/. No site, vocês, leitores, poderão encontrar o caminho desse campo de força para qualificar a educação. As duas frentes de luta destacadas são de igual importância e merecem a mesma atenção e entrega. De nada adianta a criação de políticas públicas sem a simultânea educação que se dá por meio de exemplos, afetos, vínculos de compromissos e cuidados mútuos, com olhar no olhar, ter mãos entre mãos e buscar a aproximação amorosa com crianças e jovens e com nossos colegas de profissão.

4. Ética como condição da vida em comum

Vale a pena pararmos para pensar na condição fundamental, para termos a vontade e a coragem de nos colocar no caminho, na espera do imponderável, enquanto edificamos a escola e a cidade que nossa utopia idealiza e que as vislumbramos como acolhedoras para todos. Vale a pena escovarmos uma palavra que ganhou muito limo, muito mofo, muita terra, muitas folhas, muitos vermes e raízes em sua trajetória histórica, e até esquecemos seu brilho e sua importância. Trata-se da palavra "ética".

Por ética entendemos a experiência humana que coloca cada indivíduo em contato com a natureza e com os demais seres humanos revelando capacidade de se perceber como parte da natureza, como parte de uma cultura, e sendo capaz de viver a perspectiva e a palavra comum; sendo capaz de rever seus próprios interesses e desejos em função dos interesses de sua coletividade, sem perder de vista o cuidado de si, do outro e do planeta. A atitude ética sugere a capacidade de olhar para fora de si mesmo e ver o outro. Sugere também o esforço de privilegiar o público em detrimento do privado.

Aristóteles inspira Michel Foucault a desenvolver a ideia de cuidado de si como cuidado com o outro. Para Aristóteles, filósofo grego que viveu aproximadamente entre os anos 384 e 322 a.c., atitude ética abarca comedimento e elegância, de forma que o ser humano virtuoso é aquele que exercita continuamente o controle de sua ira e de seus desejos para impedir que seus interesses particulares se imponham aos interesses de todos. Essa atitude ética não se aprende por meio de discursos, mas por meio de exemplos e construção de vínculo de amizade. Saber lidar com os próprios desejos e com as frustrações, saber conter impulsos egocentrados diante do outro define o cuidado de si como cuidado do outro. Define o cuidado de si não como experiência individualista, mas como condição para a vida em comum.

Foucault desenvolve uma reflexão que nos ajuda a entender que o cuidado de si é, sobretudo, não nos submetermos a práticas tradicionais de opressão e questionarmos regras e moralizações que nos impedem de exercer crítica e conhecimento sobre o mundo, sobre nós mesmos. O cuidado de si, tal como entendido por Aristóteles e Foucault, impede que sejamos dominados e dominadores de outros seres humanos. Por isso, cuidar de si implica cuidar do outro e fundamenta a atitude ética.

Sabemos que esse cuidado de si e do outro exige trabalho permanente de adultos que acolhem crianças e jovens de geração em geração. Não se dá espontaneamente. E nas sociedades de massa, requer esforços de famílias e de instituições educacionais diversas.

5. Escola como refúgio

Tendo já considerado as lutas mais amplas que devemos travar na sociedade em que vivemos e abordagens sobre ética em seu sentido mais fundante e válido para qualquer cultura humana, convém voltarmos para a experiência escolar e pensarmos sua viabilidade e sua contribuição para a educação da não violência.

Um dos trabalhos mais recentes de Jorge Larrosa[4], o livro *O elogio da escola*, sintetiza e ao mesmo tempo desenvolve a

---

4. Jorge Larrosa Bondia, professor e pesquisador de Filosofia da Educação da Universidade de Barcelona.

contribuição de Maschelein e Marteen (2014), autores belgas que defendem a preservação da escola. Segundo eles, a escola é o lugar privilegiado para se superar a lógica do mercado e do consumo, com a suspensão do cotidiano e as tarefas de conhecimento sobre o mundo, com o contato com arte, filosofia, ciências da natureza, esportes, literatura, enfim, todos os tesouros da cultura humana que não são associados imediatamente aos saberes associados ao lucro e ao mundo como mercadoria. A escola é o espaço de refúgio contra as disputas do cotidiano, como partidos políticos, busca de emprego e tanto de superproteção como de violência das famílias. É o espaço para negar qualquer lógica universal que aprisione a inteligência. A escola é espaço e tempo de suspender os embates familiares, os conflitos e a violência doméstica. E o mais importante é a oportunidade de encontro com diferentes modos de vida, diferentes modos de expressão, diferentes corpos e diferentes pontos de vista. É oportunidade de encontro profano com o conhecimento, ou seja, como diz Hannah Arendt, oportunidade de se colocar o conhecimento, considerado sagrado em nossa cultura e produzido por seres superiores identificados como filósofos, artistas e cientistas, à disposição e capaz de ser tocado por qualquer cidadão. Isso pode ser feito por meio da internet e de redes sociais atualmente? Sim. Mas o exercício de reflexão coletiva e suspensão para compreensão do mundo e para o aprendizado de análise e articulação das informações em excesso no mundo contemporâneo.

    Bom lembrar ainda que a escola é a oportunidade de encontro dos estudantes com a própria inteligência, caso o projeto político pedagógico formule que estudantes se manifestem por suas hipóteses, seus ensaios de pensamento, suas criações artísticas, seus modos de perceber o mundo. A escola é espaço de produção de sentidos com ajuda da filosofia, da ciência, da religião, dos saberes das culturas tradicionais como afro-brasileiras e indígenas e da arte. Escola é espaço de produzir cultura; de aprender a ler, a dizer e a escrever o mundo; de cooperação, de partilha dos saberes. De aprender o cuidado de si e do outro. De preservar a vida... boa para todos.

    E especialmente no caso brasileiro, a escola ainda é o único lugar de contato com literatura, filosofia, arte, ciências da natureza, história, geografia e desenvolvimento de reflexão sobre o real para a grande maioria da população de baixa e baixíssima renda.

Espaço de vida em comum, de exercício do cuidado de si e do outro, oportunidade de encontro com patrimônio cultural da humanidade, desenvolvimento de linguagens diversas: essa é a escola e a cidade de nossa utopia, ancorada na vontade de edificar uma cultura da paz. Que desafio!

6. O coordenador pedagógico e a cultura da paz

A coleção na qual esse volume se insere traz inúmeras inspirações e orientações para reflexão e ação dos coordenadores pedagógicos, bem como metodologias para coordenação das reuniões na escola. Todas partem do pressuposto democrático de que os coordenadores são formadores dos professores em processos dialógicos, permeados por escuta e valorização das invenções dos professores no caminho de qualificar o gesto pedagógico que acolhe os estudantes.

Apesar de tantas inspirações já apresentadas nessa coleção, quero encerrar esse artigo com indícios do que considero precioso para o enfrentamento da violência que emerge nas escolas e nos paralisa e amordaça, porque palavras de sentidos são difíceis de pronunciar diante do que violenta nosso coração e nosso repertório de urbanidades.

Considero precioso que passemos a superar visões românticas e pouco reais sobre o ser humano, sobre a esperança como inevitavelmente positiva e sobre o poder do discurso como capaz de fazer a cabeça de alguém.

Considero precioso encarar os seres humanos como são: capazes dos melhores e dos piores gestos contra seus semelhantes. Tendo esse ponto de partida aclarado, podemos dimensionar os esforços para construir nossa elegância na vida em comum. Podemos traçar planos de superação de nosso egocentrismo e de construção da atitude ética, buscando juntos os meios para o cuidado de si, do outro e do planeta.

Considero precioso assumir que ética é gesto que se apresenta sempre como atual: não somos éticos e ponto. Somos éticos em cada situação em que um dilema ético se apresenta, por isso é bom que andemos acompanhados e em vigília permanente para não cairmos na tentação de prejudicar alguém para benefício próprio.

Considero precioso que o conhecimento e a seleção de informações sirvam ao nosso propósito de edificarmos a vida em comum, boa para cada um, boa para todos.

Considero o coordenador pedagógico um agente dessa edificação junto ao pequeno universo populacional que ele encontra cada dia na escola. Conhecer uns aos outros bem de perto, nos valores, conquistas e dificuldades, dar a conhecer ao coletivo, em sua sensibilidade e suas necessidades afetivas e de criação, é papel, sim, de quem pretende uma cultura de paz. Propor o tempo da suspensão, interrompendo a pressa e o excesso de informação. Não permitir reprodução da lógica do consumo. Propor todo tipo de conversa e pensamento: sobre videogame, sobre novela, sobre jornais, sobre sexualidade, sobre gêneros, raças, conflitos... sobre... sobre... sobre. Porque política, religião e futebol são coisas que se discutem, sim. E porque essa conversa vai escancarando os monstros que vivem em nossos subsolos.

E, para finalizar, a espera do imponderável não implica a passividade, mas, sim, o colocar-se a caminho, em comunhão, nunca em solidão, observando, aprendendo com cada pedra e cada temporal. Implica colocar-se a caminho, consciente de que surpresas podem ocorrer, positivas e nem tanto, mas que exercitaremos o melhor de nós mesmos no tratamento e na superação de nossos ímpetos de tornar o mundo e seus seres objetos de nosso comando.

No caso específico da ação dos coordenadores, o cuidado de si contempla questionamentos sobre as normas que deve seguir, sobre suas emoções para viver cada dia, sobre suas iras e vontades. No cuidado com os professores, cabe o tempo e o espaço para conversarem sobre esses mesmos questionamentos e suas vontades e iras. E na perspectiva da não violência e da não exclusão, cabe o mesmo questionamento por parte dos estudantes.

> Mire, veja: o mais importante e bonito do mundo é isto: que as pessoas não estão terminadas — mas que elas vão sempre

mudando. Afinam ou desafinam. Verdade maior. É o que a vida me ensinou. Isso me alegra de montão (Guimarães Rosa).

Referências bibliográficas

ARISTÓTELES. A ética: textos selecionados pelos editores. São Paulo: Edipro, 2015.

BAUMAN, Zygmunt. A arte da vida. Rio de janeiro: Zahar, 2009.

_____. Comunidade: a busca por segurança no mundo atual. Rio de Janeiro: Zahar, 2003.

BOBIO, Norberto. O futuro da democracia. São Paulo: Paz e Terra, 1986. Disponível em: http://www.libertarianismo.org/livros/nbofdd.pdf. Acesso em: 20 fev. 2019.

_____. Elogio da serenidade. São Paulo: Unesp, 2002.

_____. Três ensaios sobre democracia. São Paulo: Cardim e Alario, 1991.

GARDNER, Howard. As artes e o desenvolvimento humano. Porto Alegre: Artes Médicas, 1997.

_____. O verdadeiro, o belo e o bom redefinidos: novas diretrizes para a educação no século XXI. Rio de Janeiro: Rocco, 2012.

LARROSA, Jorge B. Pedagogia profana: danças, piruetas e mascaradas. Belo Horizonte: Autêntica, 2003.

_____. Tremores. Belo Horizonte: Autêntica, 2015.

_____. Elogio da Escola. Belo Horizonte: Autêntica, 2017.

MASSCHELEIN, Jan; SIMONS, Maarten. A pedagogia, a democracia, a escola. Belo Horizonte: Autêntica, 2014.

MBEMBE, Achille. Crítica da razão negra. São Paulo: N-1 Edições, 2018.

MONTAIGNE, Michel Eyquem. Ensaios. Tradução: Sérgio Milliet, 2ª ed. Brasília: Editora Universidade de Brasília e Hucitec, 1987. 3 volumes.

MORIN, Edgar. Cabeça bem-feita. Rio de Janeiro, Bertrand Brasil, 2000.

RANCIÈRE, Jacques. O mestre ignorante. Belo Horizonte: Autêntica, 2011.

SARTRE, Jean Paul. Esboço para uma teoria das emoções. São Paulo: L&PM, 2006.

SPINOZA, Benedictus de. Ética. 2ª ed. Belo Horizonte: Autêntica, 2014.

Edições Loyola

editoração impressão acabamento

Rua 1822 nº 341 – Ipiranga
04216-000 São Paulo, SP
T 55 11 3385 8500/8501, 2063 4275
www.loyola.com.br